遇见科学

——院士专家讲科学（第三卷）

北京市科学技术协会 编

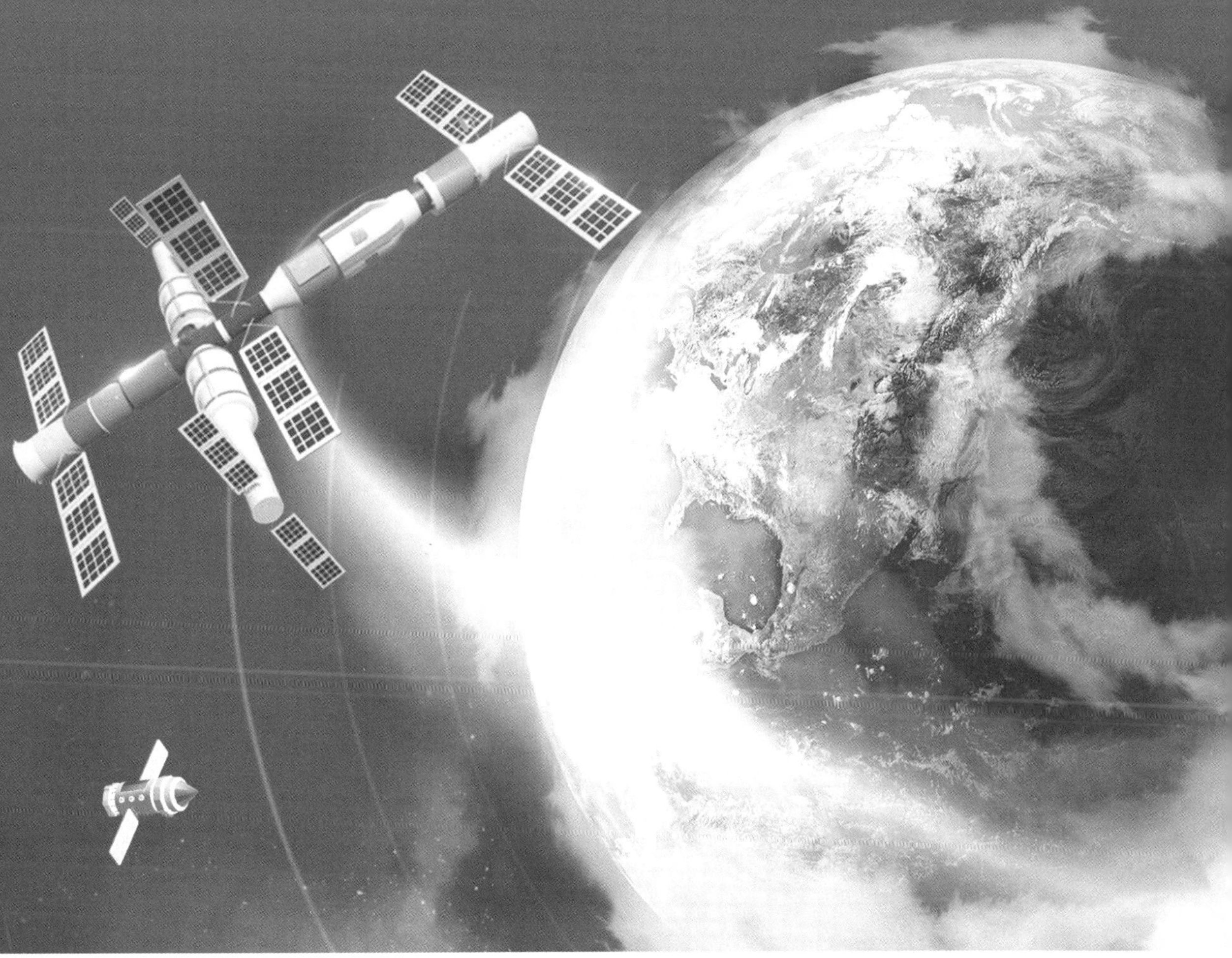

科学普及出版社
·北　京·

图书在版编目（CIP）数据

遇见科学：院士专家讲科学. 第三卷 / 北京市科学技术协会编. —北京：科学普及出版社，2023.10
ISBN 978-7-110-10534-4

Ⅰ. ①遇… Ⅱ. ①北… Ⅲ. ①科学知识－青少年读物
Ⅳ. ①Z228

中国国家版本馆CIP数据核字(2023)第028133号

总 策 划 《知识就是力量》杂志社
策划编辑 郭 晶 何郑燕
责任编辑 江 琴
封面设计 王艿晨
版式设计 胡美岩
文字整理 马之恒 李 静 卢 丽
责任校对 焦 宁
责任印制 马宇晨

出 版 科学普及出版社
发 行 中国科学技术出版社有限公司发行部
地 址 北京市海淀区中关村南大街16号
邮 编 100081
发行电话 010-62173865
传 真 010-62173081
网 址 http://www.cspbooks.com.cn

开 本 787mm×1092mm 1/16
字 数 357千字
印 张 21
版 次 2023年10月第1版
印 次 2023年10月第1次印刷
印 刷 北京长宁印刷有限公司
书 号 ISBN 978-7-110-10534-4/Z · 261
定 价 99.00元（全2册）

丛书编委会

院士寄语

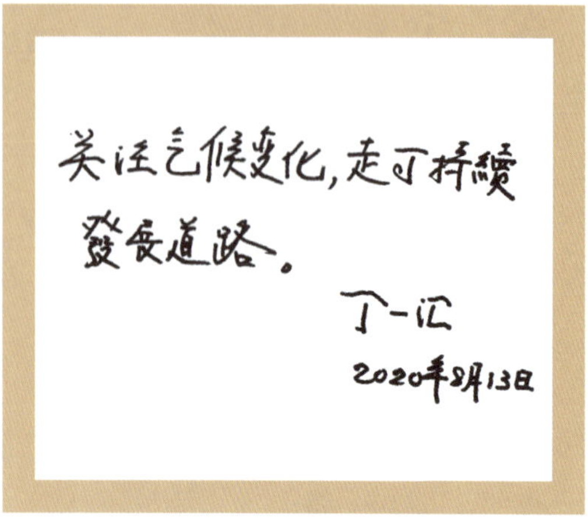
关注气候变化，走可持续
發展道路。
丁一汇
2020年8月13日

△ 丁一汇

中国工程院院士，天气与气候学家

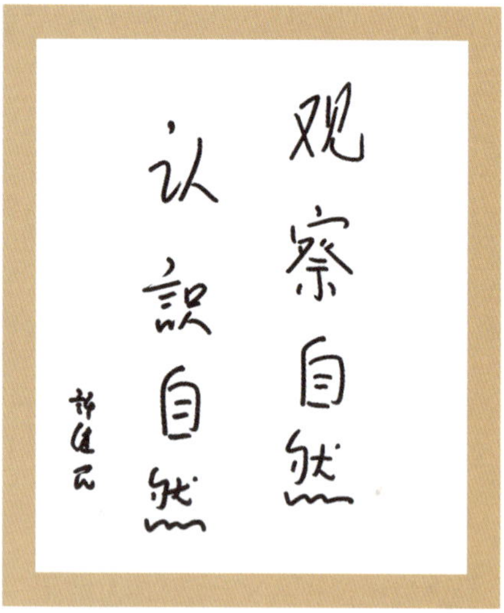
观察自然
认識自然
许健民

△ 许健民

中国工程院院士，卫星气象专家

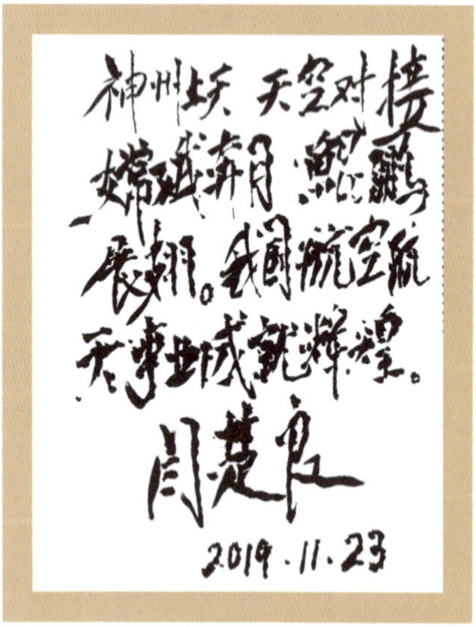
神州火箭 天宫对接
嫦娥奔月 鲲鹏
展翅。我国航空航
天事业成就辉煌。
闫楚良
2019.11.23

△ 闫楚良

中国科学院院士，飞机寿命与结构可靠性专家

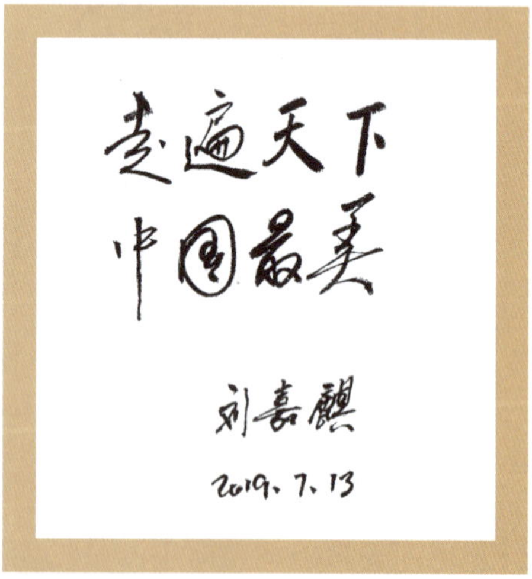
走遍天下
中国最美
刘嘉麒
2019.7.13

△ 刘嘉麒

中国科学院院士，地质学家

院士寄语

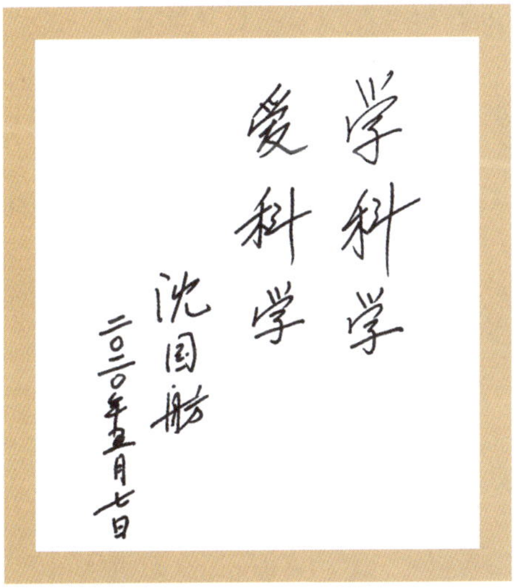
学科学
爱科学
沈国舫
二〇二〇年五月七日

△ 沈国舫

中国工程院院士，林学及生态学专家

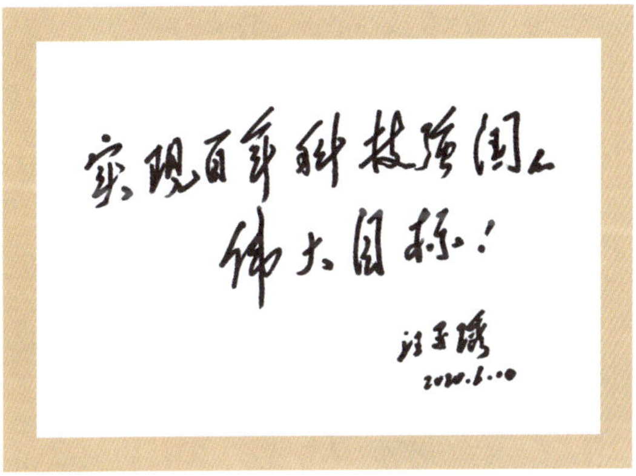
实现百年科技强国的
伟大目标！
汪景琇

△ 汪景琇

中国科学院院士，太阳物理学家

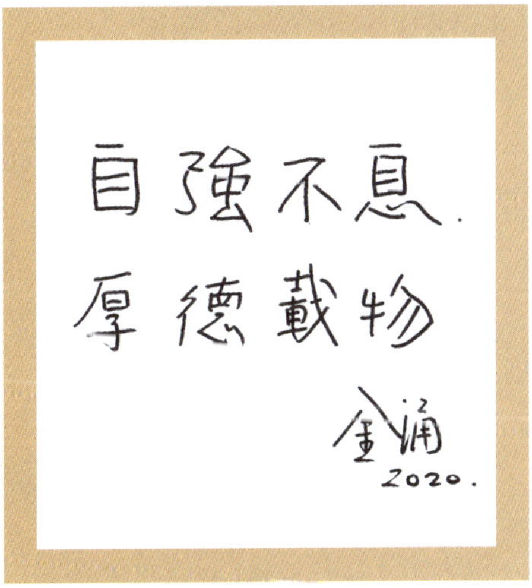
自强不息
厚德载物
金涌
2020.

△ 金涌

中国工程院院士，化学工程专家

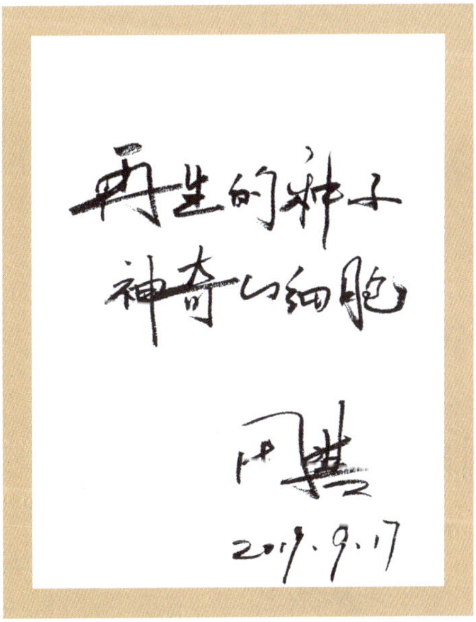
再生的种子
神奇的细胞
周琪
2019.9.17

△ 周琪

中国科学院院士，干细胞和发育生物学家

院士寄语

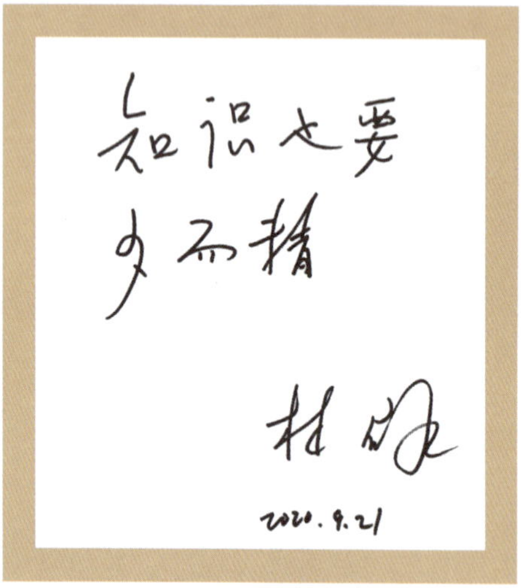
知识也要
多而精
林群
2020.9.21

△ **林群**

中国科学院院士，数学家

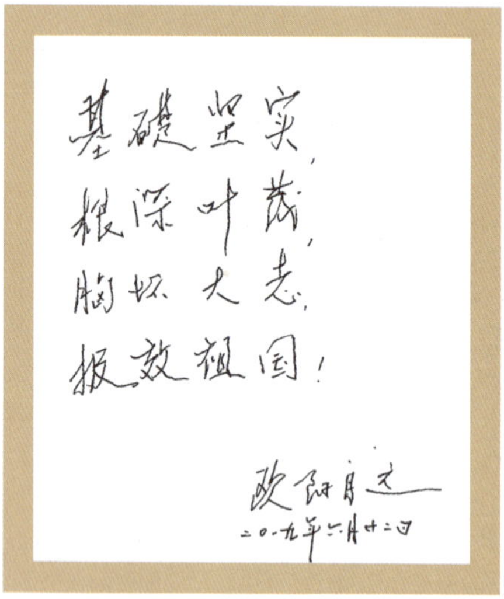
基础坚实，
根深叶茂，
胸怀大志，
报效祖国！
欧阳自远
二〇一九年六月十二日

△ **欧阳自远**

中国科学院院士，天体化学与地球化学家

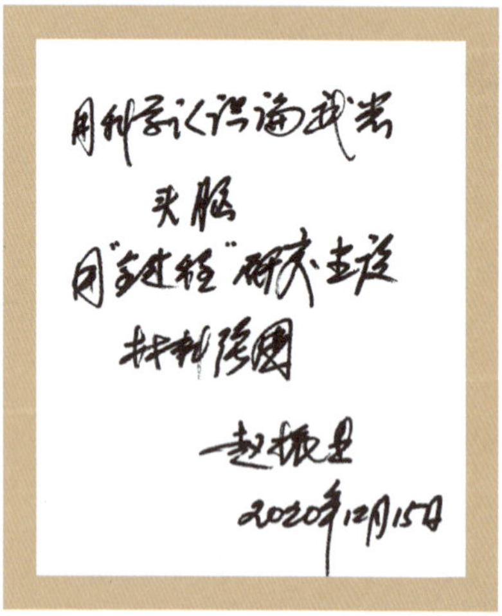
用科学认识论武装
头脑
赵振业

△ **赵振业**

中国工程院院士，金属材料科学家

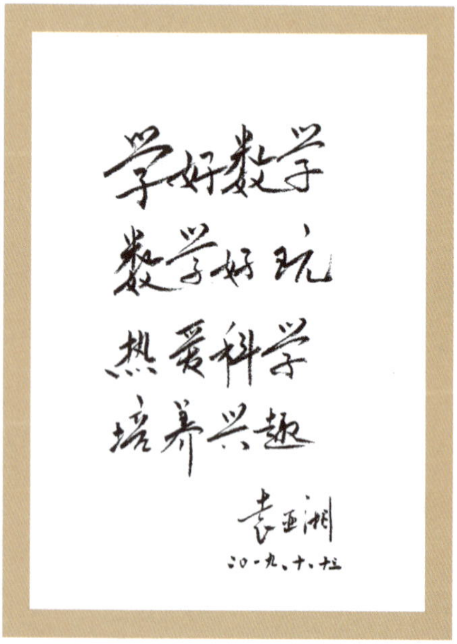
学好数学
数学好玩
热爱科学
培养兴趣
袁亚湘

△ **袁亚湘**

中国科学院院士，数学家

院士寄语

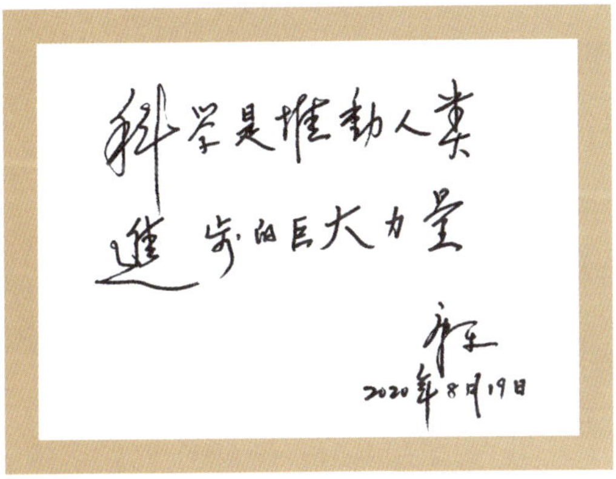
科学是推动人类
進步的巨大力量
康乐
2020年8月19日

△ **康乐**

中国科学院院士，昆虫生态基因组学研究领衔科学家

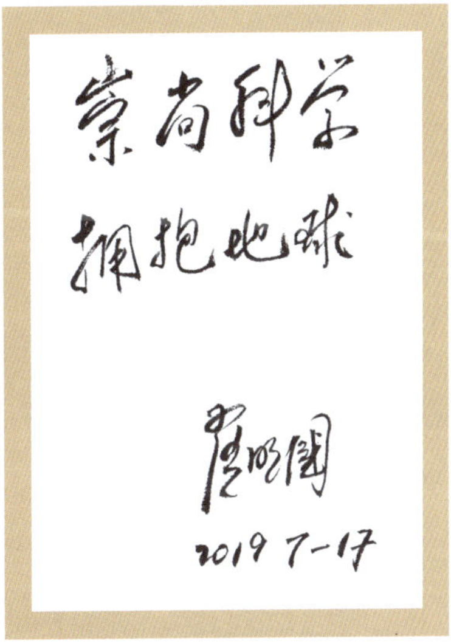
崇尚科学
拥抱地球
翟明国
2019 7-17

△ **翟明国**

中国科学院院士，前寒武纪地质与变质地质学家

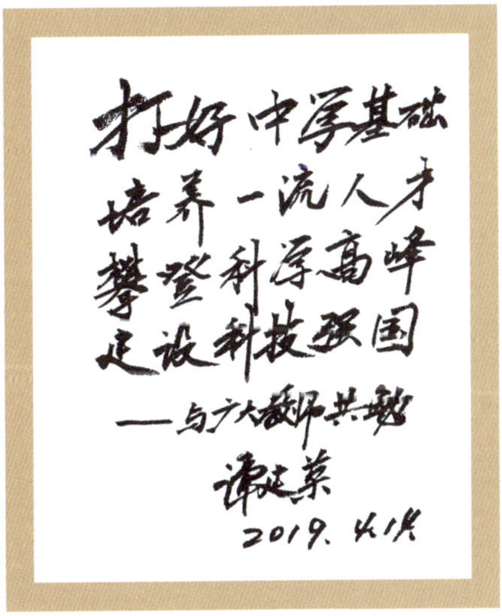
打好中学基础
培养一流人才
攀登科学高峰
建设科技强国
——与广大教师共勉
谭建荣

△ **谭建荣**

中国工程院院士，机械工程专家

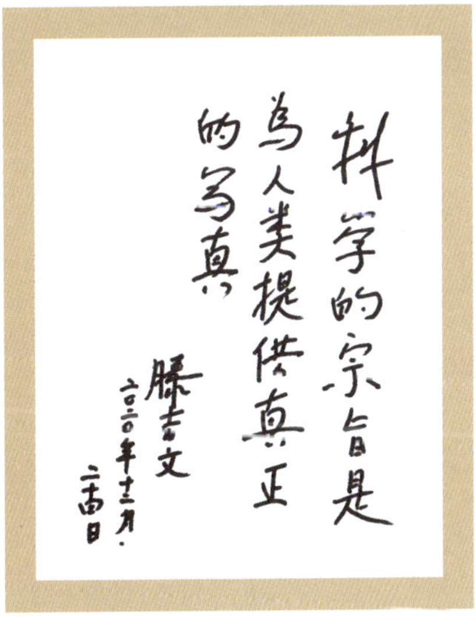
科学的宗旨是
为人类提供真正
的写真
滕吉文

△ **滕吉文**

中国科学院院士，地球物理学家

说明：以上内容均来自“院士专家讲科学”活动，“院士寄语”以姓氏笔画排序

序

科学普及是实现创新发展的重要一翼。北京市科协充分发挥开放型、平台型、枢纽型组织优势，扎实履行“四服务”职责定位，全面主动融入和服务新时代首都发展，积极推动建设与北京国际科技创新中心的城市定位相匹配的新时代青少年科学教育体系。自 2019 年以来，深入实施院士专家讲科学项目，汇聚全市众多科学名家与学者，突出优质原创科普内容建设，面向广大青少年采用科学名家讲座、主题研学等多种方式，提高青少年对科学学习的兴趣与实践水平，助力实现“科技创新”与“科学普及”协同发展、比翼齐飞。

《遇见科学——院士专家讲科学》丛书是以“院士专家讲科学”科普讲座为蓝本，组编的一套适合青少年学习的科普读物。该书第一、二卷，一经出版便获得了众多青少年朋友的喜爱。如今，《遇见科学——院士专家讲科学》（第三、四卷）又与大家见面了，该书将由 6 位院士、14 位专家带领大家了解：

红色传承·党史励志与科技兴邦

探索宇宙·航空航天与太空探险

返璞归真·自然生态与生命科学

知因求果·五大学科与思维模型

从远古恐龙世界到大数据与人工智能，从地质地理到太阳系，从蝗虫的研究到白头叶猴的探秘，每一篇文章都是一个新奇的世界。而院士、专家身上所具备的爱国奉献精神、探索创新精神、勇于开拓精神等都是值得青少年学习的。

少年易老学难成，一寸光阴不可轻。时光是最好的财富，青少年时期正是记忆力强、学习能力强的时候。这一阶段的学习除需要注重稳固基础外，还要尽可能开阔眼界。因此，希望每位阅读本书的青少年都能开卷有益，也期待更多优秀科学家与学者加入“院士专家讲科学”的“大家庭”，为培养可承担建设世界科技强国历史使命的新一代青少年科技创新人才打造成长的摇篮。

张小曳

中国工程院院士　应用气象专家

2023 年 9 月

目录 CONTENTS

CONTENTS 目录

说明：目录中有二维码标记的都是有相关视频

华人民共和国万岁
世界人民大团结万岁

01

陈坚：

中央党史和文献研究院研究员、国家高端智库专家

○ 没有共产党就没有新中国

陈坚：没有共产党就没有新中国

1921 年，中国共产党成立。经过 100 余年的奋斗，中国共产党带领中国人民全面建成小康社会。回望自中国共产党成立以来，发生在中国这片土地上的巨变，我们便能感受到“没有共产党就没有新中国”是颠扑不破的真理。

从鸦片战争到五四运动

中国近代史的开端，源自 1840 年爆发的鸦片战争。鸦片战争的失败，迫使中国签订了第一个不平等条约——《南京条约》。这一条约的签订标志着中国从此进入了半殖民地半封建社会。

鸦片战争时期，中国大约有 4 亿人口，领土面积超过 1000 万平方千米。而同时代的英国，本土面积大约为 24 万平方千米，人口大约有 1000 万。在两国人口和领土面积相差极其悬殊的情况下，英国仍然取得了这场战争的胜利，只是因为当时的英国已经完成了工业革命，成了世界上极其强大的工业帝国。

清朝时期，清政府处理国际关系的

方式仍然是古代社会的朝贡体系，一朝独大且态度傲慢。英国在18世纪末派遣使节访华时，就因为是否跪拜等问题与清乾隆皇帝发生过争执。1840年鸦片战争后，清军在与英军的交战中连连失利，至1842年《南京条约》签订之际，清政府的外强中干便被西方列强看透，于是他们便以军事威压的方式，强迫清政府陆续签订了一系列不平等条约。

到了清朝晚期，欧洲和美国早已建立起资本主义制度，步入资本主义社会，并快速完成了工业革命。相形之下，从秦朝开始在中国延续了2000多年的封建专制制度，显然已远远落后于时代的发展。所以，尽管当时的中国拥有更多的人口、土地和资源，但仍然败给了制度上更为先进的英国。

鸦片战争失败后，国人并没有意识到惨败的原因在于落后的制度，只认为皇帝太昏庸无能，只要推翻皇帝找个能干的人取而代之即可。1851年，爆发了由农民领导的金田起义，这也标志着“太平天国”运动的开始。自此农民起义军建立的割据政权与清政府分庭抗礼长达十几年之久。

到19世纪60年代，清政府击败了太平天国的农民起义军，但在第二次鸦片战争中仍惨遭失败。清政府中一些比

南京市瞻园太平天国博物馆铁炮

较开明的高官和贵族认为，西方的优势在于拥有更先进的机械和武器。于是，李鸿章等人发起洋务运动，在中国建立起第一支近代化的海军部队——北洋水师。

然而，洋务运动只是让中国看起来变得强大了。1895年，清军在甲午战争中又被日军击败，清政府被迫又与日本签订了极为苛刻的《马关条约》。在19世纪前半叶，曾经的藩属小国日本，和中国一样落后，一样沦为欧美列强欺凌的对象，但19世纪60—90年代，日本国内发起了明治维新运动。自此日本结束了德川幕府统治时代，建立起资本主义君主立宪制度，经济、军事等方面获得长足发展，日本也由一个贫弱小国一跃成为可以和西方列强相抗衡的强国。

日本变革的成功激励中国一些先进的知识分子效仿。1898年，开始了由康有为、梁启超等人发起的“戊戌变法”运动。运动试图将封建君主制变更为君主立宪制，但却因为保守势力过于强大，变法很快宣告失败。而支持变法的光绪皇帝，也被慈禧太后软禁于瀛台。

戊戌变法失败后，中国于1900年又遭遇了八国联军的入侵，并在1901年签订了更为苛刻的《辛丑条约》。中华民族面临的空前危机，以及清政府对改革的排斥，让一些有识之士意识到，腐朽的清朝政府已经没有通过改革转向君主立宪制的可能性，唯有通过暴力革命，推翻清王朝，才有可能缔造一个崭新的中国。

1911年10月10日，武昌起义爆发，辛亥革命拉开帷幕。清王朝在几个月内土崩瓦解，中国结束了漫长的封建帝制，建立起共和制度。然而，这条道路仍然不算顺畅。清末权臣袁世凯很快窃取了革命果实，又在几年之后试图复辟帝制。但袁世凯的“皇帝”梦仅做了81天，就在全国人民的唾骂声中退位，并很快死去。

袁世凯死后，中国进入了北洋军阀混战时期。不同派系的军阀控制了不同的省份并相互混战。每个军阀背后，都有不同的帝国主义国家的支持，这使中国陷入了贫穷、落后、动荡、苦难的局面。就在这黑暗的时刻，世界上发生的两件大事，为中国的有识之士指明了拯救国家的方向。

第一件大事，是1917年，俄国先后爆发了二月革命和十月革命，并退出了第一次世界大战。其中，由列宁领导的十月革命，推翻了资产阶级临时政府的统治，建立起世界上第一个社会主义国家——苏维埃俄国。同时，第一次世界大战的对阵双方几乎都是资本主义国家，虽然政治体制有所不同，君主的权力有大有小，但资产阶级（包括权贵资本）都或多或少地控制了政府的运作，使资源和政策向他们倾斜，导致富者愈富，贫者愈贫。作为社会主义国家的苏维埃俄国却没有这种弊端，这使中国人看到了追求公平的希望。

另一件大事，是第一次世界大战结束后，巴黎和会决定将德国在中国享有的特权转让给日本。尽管中国与日本同为战胜国，但在外交场合却受到了如同战败国般的待遇。消息传回国内，北平（北京的旧称）的大学生们游行示威以示抗议，并获得其他社会群体的支持，史称五四运动。

随着这两个重大历史事件的发生，马克思主义思想传入中国，并获得了一些追求进步的人士的认同，陈独秀和李大钊等知识分子便是代表，他们接受了马克思主义思想，并建立起中国最早的共产主义组织，这也是中国共产党的前身。

○ 列宁的黑色半身像

中国共产党塑造中国

1840 年至中华人民共和国成立前，中国历届政府同外国共签订了 1175 个不平等条约（和约），损失了很多领土与利益。中华民族遭受的苦难、付出的牺牲，在世界历史上是罕见的。因此，重塑民族自尊心与自信心，便成为中国重新崛起的第一步。

1931 年，日本发动“九一八”事变，强占了中国东北地区。从那时起，中国开始了长达 14 年的抗日战争。中国共产党领导的人民军队，成为最终击败侵略者、赢得这场战争的重要力量。抗日战争的胜利，是中华民族由衰败走向振兴的重大转折点。此后，我们结束了 1840 年以来，不断被外国欺凌的历史，第一次在抵御外侮方面取得了胜利。

1921 年 7 月，中国共产党第一次全国代表大会在上海召开，宣告了中国共产党的成立。经过 28 年的艰苦奋斗，1949 年 10 月 1 日中华人民共和国成立，自此，中国的历史翻开了崭新的一页。

刚成立的中华人民共和国，面临的是一个积贫积弱、百废待兴的局面。在这样的情况下，1950 年，又爆发了抗美援朝战争，这对我们来说，无异于雪上加霜。当时，朝鲜内战爆发。美国政府武装干涉朝鲜内战，并派遣第七舰队侵入中国台湾海峡。美国的军用飞机还越过中朝边界鸭绿江，侵入中国领土（领空）进行挑衅。为了给国家赢得和平的建设环境，中国不顾贫弱的局面，毅然作出了派遣志愿军抗美援朝的决定。近 3 年的时间，志愿军在缺乏现代后勤保障体系且制空权处于劣势的情况下，将“联合国军”赶回三八线以南。这表示，中国在这场战争中战胜了当时世界上工业实力最为强大的美国。随着以美国为首的“联合国军”的战败，帝国主义国家在东方的海岸上架起几门大炮就可以征服一个东方国家的时代，也从此一去不复返了。

20 世纪 60 年代，中国凭借自己的力量先后研制出了原子弹和氢弹，又在 1970 年拥有了航天发射能力。这使中国真正成为一个拥有国际影响力的大国，

○ 三峡工程全景

能够凭借自己的力量保卫国家的安全。如今，中国已经研发出多种型号的“东风”导弹且威力巨大。这些强有力的国之重器，对一些意欲不轨的国家起到了极大的威慑作用，让他们不敢再挑衅中国。

1978年，国际形势的变化，为中国赢得了改革开放的契机。中国与美国、日本等资本主义阵营的主要国家实现了邦交正常化。得益于改革开放带来的活力，短短几十年，中国创造了经济飞速发展的奇迹，人民生活水平也得到了极大改善。

经过不断探索，我们没有选择封建主义，没有选择资本主义，也没有全盘模仿苏联，而是选择了适合中国国情的社会制度——社会主义制度，走上了具有中国特色的社会主义道路。

在中国，中国共产党的领导是社会主义制度的核心。中国共产党把中国14亿人口及辽阔的领土统领起来，让国家保持完整，民族保持团结，集中力量完成更多重大事务。比如，修建三峡大坝、研制核武器、建造航空母舰、实施载人航天工程等。

向着共同富裕前进

在封建社会，中国的百姓其实过着非常艰苦的生活。尽管我们有着发达的农业技术，但当自然灾害或战乱来临之时，饥荒便成为常态。

即使在中华人民共和国成立初期，中国仍然非常贫穷，粮食供应不足的情况非常普遍，且工业基础极为薄弱。面对这样的烂摊子，毛主席发出豪言壮语：我们要在一穷二白的基础上，把国家建设起来。于是，中国共产党选择了大力发展工业。使中国转型成为工业国的策略，让中国抓住了走向工业化的最后机会。

从 1953 年的第一个五年计划开

○ 庆祝中国共产党成立 100 周年大会在天安门广场隆重举行

始，直到今天，中国已经成长为一个制造业大国。在钢铁产量方面，中国是无可争议的世界冠军。在世界主要的500多种工业产品里，中国有200多种位居世界第一，中国强大的产能为全球产业链、供应链的正常运行做出了重要贡献。

从中华人民共和国成立算起，经过70多年的发展，我们在经济建设和科技创新等方面的发展有目共睹。截至目前，中国的GDP已稳居世界第二，在一定程度上实现了我们的强国梦。

2020年，中国共产党带领人民完成了扶贫攻坚任务，实现了全面建成小康社会的目标。这对于一个拥有14亿人口的大国而言，是一项非常了不起的

○ 朝着共同富裕和中华民族的伟大复兴前进

成就。

至今，中国共产党整整走过了 100 余年的奋斗历程，但依然充满活力。如今，中国已经开启了下一个百年奋斗目标的伟大征程，带着实现共同富裕的美好愿景，朝着中华民族伟大复兴的目标，昂首前进！

互动问答

从鸦片战争爆发到中华人民共和国成立，我国经历了哪些重要的关键节点？

1840 年，鸦片战争爆发，标志着中国从此进入了半殖民地半封建社会。

1851 年，金田起义，标志着太平天国运动的开始。

19 世纪 60 到 90 年代，李鸿章等人掀起的洋务运动，在中国建立起近代工业并组建起北洋水师等近代化的海军部队。

1898 年，康有为、梁启超等人发起戊戌变法。

1911 年 10 月 10 日，武昌起义爆发，辛亥革命拉开帷幕。

1921 年 7 月，中国共产党第一次全国代表大会在上海召开，宣告中国共产党的成立。

1945 年，抗日战争的胜利，是中华民族由衰败走向振兴的重大转折点。

王渝生：

中国科学院理学博士、教授、博士生导师，中国科技馆研究员、原馆长、党委书记，国家教育咨询委员会委员，北京市科协原副主席

◎ 科技引领社会进步

王渝生：中国共产党与中国科技发展

扫一扫，看专家讲座视频

古代的中国虽然创造了辉煌的科技成就，但在16—18世纪，由于封建统治者思想的狭隘及长期的闭关锁国、故步自封，致使屡次与科技革命失之交臂，这为中国近代以来遭受近百年侵略的屈辱史埋下了伏笔。1919年，五四运动爆发，让中国从旧民主主义革命道路走向了新民主主义革命道路，青年人具有了新思潮，大大推动了马列主义思想在中国的传播，为1921年中国共产党的成立打下了良好的社会和思想基础。成立后的中国共产党，带领中国人民进行了艰苦卓绝的斗争，推翻了压在人民头上的三座大山，终于在1949年成立了伟大的中华人民共和国。从此，中国共产党人便带领中国人民走上了民族复兴的道路。

民族复兴，科技先行。为了更好地促进科技发展，党中央、国务院相继实施“科教兴国”及“人才强国”战略。中国共产党人对科学与知识的尊重，不仅引领了中国革命走向胜利，也使中国成长为世界科技大国，并向着世界科技强国迈进，屹立于世界民族之林。

错过世界近代科技革命

我们常常把中国的历史概括为上下五千年，但中华民族的文明史，其实还要更长一些，有七千年以上。我们的先祖曾经创造了闻名于世的科技成果，建立起农学、医药学、天文学和算学（数学）这 4 个重要的科学知识体系，并发明了造纸术、指南针、印刷术、火药。这些发明成就的传播，在很大程度上塑造了人类的历史。

在两千多年前，古埃及、古巴比伦和古印度的文明中断，中华文明却被传承了下来，同新兴的古希腊罗马文明平分天下。

公元 5 世纪左右，古罗马帝国逐渐走向衰亡，欧洲进入了黑暗的中世纪，中华文明得以在世界上一枝独秀。

16 世纪初，全人类的知识总量开始迅速增长，欧洲开启了长达一个世纪的科学革命。然而，在这个重大的转折点上，中国却错过了发展科技的大好时机，为 19 世纪到 20 世纪初中国的落后挨打埋下了伏笔。科学革命的起点，可以追溯到 16 世纪中叶的天文学革命。1543 年，波兰天文学家尼古拉·哥白尼出版了《天体运行论》，其在书中第一次提出了“日心说”。一个多世纪后，英国物理学家艾萨克·牛顿于 1687 年写成了《自然哲学的数学原理》，提出了今天

○ 中国古代四大发明之一——造纸术

我们熟悉的“牛顿三大定律”“万有引力定律”。这些经典力学理论描述了力的本质和物体运动的规律，奠定了近代自然科学的基础。

牛顿创造的力学体系，促成了开始于18世纪的第一次工业革命，同时也间接地开启了人类社会现代化的历程。1781年，英国工程师詹姆斯·瓦特改进了托马斯·纽科门发明的蒸汽机，创制了“万能蒸汽机”，让机器登上了人类社会发展的舞台，大幅提高了人类的劳动效率，间接改善了人类的生活水平。

到了19世纪，西方的科学技术得到突飞猛进的发展，并催生了由机械化转向电气化的第二次工业革命。1831年，英国物理学家迈克尔·法拉第发现了电磁感应现象，进而促成了电动机和发电机的诞生，正式将人类带入电气化时代。到19世纪末，电灯（白炽灯）和电话这些用电设备，在完成第二次工业革命的国家得到普及。

从16世纪中期哥白尼提出“日心说”到19世纪末第二次工业革命的基本完成，美国和欧洲多个国家成长为发达的

○ 哥白尼纪念雕像

工业国，并逐渐成为世界格局的引领者。然而此时的中国，却逐渐落后于世界，被远远甩在了后面。

20世纪初，物理学界出现了两项重要的新理论，即阿尔伯特·爱因斯坦的相对论和诸多物理学家都参与构建的量子物理体系。到20世纪中期，又有4项影响世界的科学模型陆续诞生，分别是宇宙大爆炸模型、物质结构的夸克模型、地球的大陆板块构造模型，以及遗传基因脱氧核糖核酸（DNA）的双螺旋结构模型。正是由于上述科学理论及科学模型的诞生，直接促成了第三次工业革命的兴起。

本次工业革命使得生命科学、原子能科学，以及与计算机技术相伴的信息科学等新领域成为被关注的前沿科学。信息技术、航空航天技术、核能技术、激光技术、生物技术和纳米技术，成为20世纪最重要的6项高新技术。美国在20世纪成为世界强国，正是因为其几乎在每一项高新技术上都位居世界前列，并凭借科研与产业方面的领先优势，吸引了世界各国的优秀人才为其效力。

中国共产党相信科学力量

中国共产党成立之初，陈独秀与李大钊这两位伟大的马克思主义者，就非常重视科学的发展。在漫长的革命斗争年代，中国共产党尽管需要直面战争的艰险环境，但也依然没有忽视科学技术的发展，并对科技人才给予了巨大的信任、关怀和重用。

中国共产党拥有的第一部无线电台，是由无线电技术奇才李强在参考资料极为有限的情况下研制而成的。1927年，22岁的李强加入中国共产党。第二年，由于国内的环境极为险恶，中国共产党第六次全国代表大会被迫在苏联首都莫斯科郊外秘密召开。由于党中央与各个根据地的联络工作很大程度上需要依靠无线电通信，因此，会议结束后，周恩来回到国内，便向李强布置了建立无线电台的任务。

但当时，无线电设备和技术资料都受到严格的管控，李强可以得到的资料和零件极为有限。尽管如此，他仍然通过自学英文参考资料、研究洋行和无线电爱好者提供的零件、自制一部分零件等方式，于1929年研制出了一部性能出色的无线电台。1931年，他依照党组织的安排，前往苏联学习。在苏联，他继续潜心研究无线电技术，完成了技术专著《发信菱形天线》，并因此成为苏联著名的无线电专家。后来，他回到国内，为中国的无线电事业贡献了毕生才智。

1935 年，中国工农红军通过长征转移到陕北后，延安成为中国革命的圣地。1937 年，抗日战争全面爆发，延安成为中国共产党领导的武装力量对抗日本侵略者的指挥部。1939 年，中国共产党成立了延安自然科学院，成立之初由李富春代理院长，而后由徐特立担任院长。徐特立是著名的教育家，于 1927 年加入中国共产党，“延安五老”之一，曾是毛泽东主席和田汉（中国国歌《义勇军进行曲》词作者）等人的老师，是一位在党内德高望重的革命家。他在极为艰苦的条件下主持延安自然科学院的工作，并时刻关注着世界范围内自然科学的进展。

当时徐特立在《解放日报》副刊上撰文称：“科学！你是国力的灵魂，同时又是社会发展的标志。所以前进的政党必然把握着前进的科学。”此话远见卓识、掷地有声！1940 年，陕甘宁边区自然科学研究会成立，由“延安五老”之一的另一位成员吴玉章担任会长。在抗日战争局势极为险恶、条件极为艰苦的年代，中国共产党坚信抗日战争必将

○ 自然科学是以观察和实验的经验证据为基础，同数学推理相结合，对自然现象进行描述、理解和预测的科学分支

取得胜利，并开始规划祖国未来发展的蓝图。

在战乱频仍的中国，决定国力的关键依然是科学的发展水平。因此，中国共产党希望中国人能够了解和尊重科学，做好拥抱现代文明的准备。1942年12月，恰逢牛顿诞辰300周年，中共中央决定举办纪念活动。有一些人对此感到不解，认为牛顿是英国人，曾担任过英国皇家造币厂的厂长，属资产阶级知识分子，而且也不是唯物主义者，与共产党并非“同路人”。但徐特立指出，中国共产党人需要对牛顿有正确的认识。科学家有祖国，但科学没有国界。牛顿建立的物理学体系，是近代科学诞生的标志和近代科学革命的基础，更是人类共同的科学遗产。因此中国共产党和中国人民需要纪念他。

除了引导人们正确认识对世界科学有突出贡献的科学家及通过自然科学研究探索未知，中国共产党还认为，科学与技术需要为工农业生产服务，为经济发展服务，为革命战争服务。因此，中国共产党在延安建立了一些基于现代科技的工业企业和服务机构，涉及军事工业、机械制造、化工、矿业、轻工业、土木工程、广电通信、农业技术、医疗卫生等领域。

延安能够从无到有、从小到大逐步建立起它的现代工业化体系，除有中国共产党的正确指引和大力支持外，也离不开科技人才的贡献。沈鸿，我国抗日战争时期重要的机械工程专家，虽然他的学历只有小学四年级，但其凭借极强的自学能力和悟性，掌握了很多工业机床的工作原理和使用方法。此外，他还自创了一些汽车生产设备，希望中国也能拥有自主生产汽车的能力。

1931年，日本发动“九一八”事变，侵占了中国东北地区。第二年，日本又在上海发动“一·二八”事变，图谋占领上海和富庶的江浙地区，但遭到了中国人民的迎头痛击。1937年7月7日，日本策划“卢沟桥事变”，中国抗日战争全面爆发。同年8月，日军再度进犯上海。当时在上海创办机械厂的沈鸿，只得带领7个徒弟连同厂房一起迁往延安。他的这一举动，让延安第一次拥有了现代化的机床和发电设备，为人民军队自行制造手榴弹和地雷等武

○ 沈鸿纪念馆在浙江海宁开馆

器打下了基础，而他也因此被誉为“陕甘宁边区工业之父”，并在中华人民共和国成立后，领导了中国机械工业体系的建设。

位于延安附近的延长油田，是根据地的重要经济支柱。延长油田始建于清末，1934 年国民党政府认为油田枯竭而将它遗弃。1935 年，中国共产党领导的技术力量修复了油田及其配套的炼油工业，利用石油生产出汽油、煤油、石蜡、油墨、武器润滑油、凡士林油等产品，用以交换延安稀缺的各种物资。加拿大共产党员诺尔曼·白求恩于 1938 年春天来到延安，并带来了现代医学知识，特别是外科手术方面的知识与经验。白求恩作为“二战”中救死扶伤的战地英雄被写入世界医学发展史册。

在中国共产党的领导下，中国人民取得了革命的胜利。与此同时，建设中国所必需的科技人才和科技储备，也已在延安埋下了种子。

名师讲堂：

历经百年的延长油田

延长油田是中国最早的天然石油矿藏之一，其开发历史可以追溯到清朝末年。1907 年，延长打出了中国位于陆地上的第一口油井，结束了中国陆地上不产石油的历史。同步建成的炼油工厂，也开始提供工业和生活所需的石油产品。

1935 年，中国工农红军开始管理延长油田，并在抗日战争期间进行了钻探新油井的尝试。延长油田出产的石油产品，有力地支援了抗日战争和解放战争。1938 年，根据国民党和共产党之间为抗日达成的合作协议，延长油田的一部分生产设备被拆下送往甘肃，用于开采新发现的石油矿藏，甘肃玉门油田的开发由此拉开序幕。中华人民共和国成立后，延长油田和炼油企业不断进行技术改进，满足了国家对石油和化工产品的需要。今天，延长石油集团是一家庞大的国有企业，也是国内仅有的 4 家拥有石油、天然气勘探开发资质的企业之一。

中国科技发展的里程碑

1949 年 10 月 1 日，中华人民共和国宣告成立。仅一个月后的 11 月 1 日，中国科学院就宣告成立。当时，解放战争还没有完全结束，为巩固新生的政权，中国共产党还有很多工作需要完成。尽管如此，中国共产党仍然非常重视科技事业。

在中国科学院成立之后不久，我国就迎来了第一个科技发展的里程碑。1956 年，中共中央在北京召开了关于知识分子问题的会议。会上，毛泽东主席做了重要讲话，号召全党努力学习科学知识，同党外知识分子团结一致，为迅速赶上世界科学先进水平而奋斗。随后，国家制订了首个中长期科技发展规划——《1956—1967 年科学技术发展远景规划纲要（修正草案）》，将发展以原子弹、导弹为代表的尖端科技放在首要位置。

在掌握“两弹一星”技术和其他一些高新技术后，中国于 1978 年迎来了第二个科技发展的里程碑——全国科学大会带来的“科学的春天”。我国改革开放的“总设计师”邓小平曾指出，科学技术是生产力，知识分子是工人阶级的一部分。1988 年，邓小平又提出了“科学技术是第一生产力”的重要论断。

1995 年，中国共产党的第三代领导集体提出了“科教兴国”的战略，这成为科技发展的第三个里程碑。这项国策的要点，是将科学工作和教育工作视为国家兴旺发达的主要因素。

○ 机器人科技教育进校园

到2006年，面对科技在新世纪的迅猛发展，党中央、国务院制订了《国家中长期科学和技术发展规划纲要（2006—2020年）》，以及与之同步的《全民科学素质行动计划纲要（2006—2010—2020年）》，成为中国科技发展的第四个里程碑。

2012年，在中国共产党第十八次全国代表大会之后，以习近平总书记为核心的党中央领导集体，提出要把科技创新摆在国家发展全局的核心位置，坚持走中国特色自主创新道路，实施“创新驱动”发展战略。这意味着中国的科技发展进入了一个全面创新的新时代，也是中国科技发展的第五个里程碑。

中华人民共和国成立70多年来，取得了很多重要的科技成就。比如，“两弹一星”——核弹（包括原子弹和氢弹）、导弹、人造卫星，载人航天与探月工程，杂交水稻，陆相成油理论和应用，高性能计算机，人工合成牛胰岛素，青蒿素提取和基因组研究。这些科技成就当中，有一些是中国科技工作者的原始创新，也有一些是对国外已有技术的集成创新，或者引进消化吸收之后的再创新，这些都表明，中国已高举起了科技创新的大旗。

名师讲堂：

人工合成牛胰岛素

1958年，桑格对胰岛素化学结构的解析工作获得了诺贝尔化学奖。与此同时，著名科技期刊《自然》发表评论文章预言：“（人工）合成胰岛素，将是遥远的事情。”但在中国，生物学界和化学界希望对此发起挑战，并将其作为20世纪60年代科技界的第一项重大任务。

苍天不负苦心人，1965年9月17日，人工合成的牛胰岛素在中国诞生。这是世界上第一个人工合成的有生命的蛋白质，而且与天然胰岛素分子拥有相同的化学结构和完整的生物活性。这项科技成就，标志着人类在揭示生命本质的征途上实现了里程碑式的飞跃。

在中华人民共和国成立之初、百废待兴之际，国际国内环境十分恶劣，但值得欣慰的是，中国的老一辈科技工作者依然竭尽全力，完成了“两弹一星”的研制工作，使中国的国防安全得到了基本的保障。

进入 21 世纪后，特别是党的十八大以来，中国在科技领域不断取得新的突破。今天的中国拥有了巨型射电望远镜（FAST）、世界顶级的超级计算机、“北斗”卫星导航系统、C919 干线客机，以及全球最庞大的高速铁路网络。中国拥有自主知识产权的核电站也走出国门，为人类的能源转型贡献了力量。

正是由于一代代科技工作者的不懈努力，今天的中国才得以重现往日的辉煌，向着世界科技强国迈进！“国家富强、民族振兴、人民幸福”的伟大“中国梦”，需要依靠科技创新取得的成果作为支撑；或者说，我们需要用“科技梦”来实现“中国梦”。

中国共产党自成立以来，其所有的努力，都是为了实现人民对美好生活的向往。而科学创新的根本目的，就是要

○ 北斗是中国的北斗，也是世界的北斗

满足人民群众对美好生活的向往，就是要把科技创新的成果最大限度地分享给全体中国人民。

习近平总书记曾指出，中国要强盛，要复兴，就一定要大力发展科学技术，努力成为世界主要的科学中心和创新高地。为此，党的十八大以来，以习近平同志为核心的党中央便确立了 2020 年进入创新型国家行列、2030 年跻身创新型国家前列、2050 年建成世界科技强国的“三步走”战略目标。

正是由于中国共产党对科技发展的高度重视，才让我们的国家及国人得以找回失落的荣耀，并昂首走向世界舞台的中央。

○ 随着科技的发展，各国的联系会更加紧密

互动问答

中国科技进步的五个里程碑分别是什么？

第一个里程碑：1956 年，中共中央在北京召开了关于知识分子问题的会议后，国家制订了首个中长期科技发展规划——《1956—1967 年科学技术发展远景规划纲要（修正草案）》，将发展以原子弹、导弹为代表的尖端科技放在首要位置。

第二个里程碑：1978 年，全国科学大会带来“科学的春天”。

第三个里程碑：1995 年，党中央提出“科教兴国”战略。

第四个里程碑：2006 年，党中央制订了《国家中长期科学和技术发展规划纲要（2006—2020 年）》，以及与之同步的《全民科学素质行动计划纲要（2006—2010—2020 年）》。

第五个里程碑：2012 年，在中国共产党第十八次全国代表大会之后，以习近平同志为核心的党中央，提出要把科技创新摆在国家发展全局的核心位置，坚持走中国特色自主创新道路，实施“创新驱动”发展战略。

历史和事实证明，中国的自立自强更是一个渴望现代化的中华民族伟大复兴的精神力量。我们要把握大势、抢占先机、直面问题、迎难而上，自觉肩负起时代赋予的重任，履行高水平科技自立自强的使命担当，为建设世界科技强国不懈奋斗！

吴伟锋：

现任中央党史和文献研究院第七研究部网络舆情处处长、研究员

○ 举起科学的火炬

吴伟锋：永不磨灭的科学家精神

扫一扫，
看专家讲座视频

2021 年，中国人民迎来了中国共产党成立 100 周年。在中国共产党的领导下，中国从成立初期的百废待兴，到成长为具有世界影响力的大国、强国，离不开科技的助力。中国共产党一直以来就非常重视对科学家精神的弘扬，让科学家杰出的智慧，成为建设祖国的重要力量。

共产党人重视科学家精神

1921 年，中国共产党的成立，是中国历史上开天辟地的大事。中国共产党成立时，只有 50 多名党员，到如今已经成为在全世界具有重大影响力的第一大执政党。100 多年前，中华民族呈现在世界面前的是一幅衰败凋零的画面。今天，中华民族向世界展现的是一派欣欣向荣的景象，表明中国人民正以不可阻挡的步伐迈向伟大复兴。在波澜壮阔的历史进程中，中国共产党带领中国人民，进行了艰苦卓绝的斗争，创造了足以让中华民族骄傲的历史性成就，同时也铸就了伟大的中国共产党人精神。

中国共产党自成立以来，就非常注重科学精神的培育和弘扬。在中国共产党早期领导人和创始人中，有相当一部分具有近代科学技术背景，并较早接受了民主和科学的思想熏陶，因此，他们对于中国发展科学技术的重要性的理解比同代人更为全面和深刻。

早在 1919 年，中国共产党的创始人之一陈独秀先生，就在《新青年》上发表文章，大力宣传“德先生”“赛先生”，也就是民主和科学。他指出，我们现在认定，只有这两位“先生”，可以救助中国在政治上、道德上、学术上、思想上的黑暗。

毛泽东同志在 1926 年的《国民革命与农民运动》一文中曾经提醒全党，农民问题包括了两个方面的问题，一是帝国主义、军阀、地主阶级等导致的人为压迫问题；二是水旱天灾、病害、虫害、技术拙劣、生产减缩等天然压迫问题。他认为，前一个问题固然是目前的紧急问题，但后一个问题也是非常严重的，不能不重视。

延安时期，是中国共产党历史发展过程中的一个重要时期。在延安的 13 年间，中国共产党十分重视把科学和经济建设紧密结合，用科学技术促进经济发展。党史记载了延安时期众多为根据地的科技事业殚精竭虑的科技专家，除了我们熟悉的无线电专家李强，还有很多值得称道的在科学技术上有所创新的科技工作者。军用炸药需要用到硫酸方能生产。为了解决自产硫酸问题，根据地的建设厅、化工厂和军工厂分工协作，研制出能够制造硫酸的仪器，最终搭建起可以供应合格硫酸的生产线，为军工弹药生产打开了新的局面。在延安开展的大生产运动中，为了解决当时边区纸张短缺的问题，边区科技人员甚至利用马兰草造纸，成功克服了困难。

○ 马兰草，别名路边菊、蟛蜞花等

1949年，中华人民共和国成立后，中国共产党对科学非常重视，甚至将其摆在了国家战略的重要地位。在中国共产党的领导下，广大科技工作者全身心投入中国的科技研究，有些人甚至付出了生命的代价，最终填补了我国一项项科技空白。

在中国的科技发展史上有5个里程碑，第一个里程碑是“向科学进军”。1956年，党中央召开全国知识分子会议的时候，周恩来同志代表毛泽东同志提出了“向科学进军”的口号。这是中华人民共和国成立后，第一次把知识分子问题和发展科学技术问题作为全党重大工作提出来。中华人民共和国成立初期，国家的工业基础非常薄弱，按照毛泽东同志的说法，我国“连一辆汽车、一架飞机、一辆坦克、一辆拖拉机都不能造”。而且，我国面临着西方国家的技术封锁，迫切需要大力发展科学技术。正是在这样的背景下，党中央提出了“向科学进军”的口号。之后，在广大科技工作者的不懈努力下，短时间内便缩短了中国与世界科技的差距，掌握了“两弹一星”等尖端技术。

1978年出现了第二个里程碑。邓小平同志提出了“科学技术是生产力”的观念，指出知识分子是工人阶级的一部分。我国迎来了“科学的春天”。在这之后，邓小平同志又提出“科学技术是第一生产力”的重要论断，第一次把科学技术作为发展经济的主要动力。

此后，中国的科技发展，又有“科教兴国”“中国特色自主创新”“创新驱动发展”3个里程碑。可以说，中国共产党始终把科技创新摆在国家发展全局的核心位置，通过运用科技的力量，使国家不断走向富强。

中国科学家精神

2019年6月，中共中央办公厅、国务院办公厅印发了《关于进一步弘扬科学家精神加强作风和学风建设的意见》。这份文件不仅要求在全党、全社会大力弘扬科学家精神，也明确提出了科学家精神的内涵，那就是胸怀祖国、服务人民的爱国精神；勇攀高峰、敢为人先的创新精神；追求真理、严谨治学的求实精神；淡泊名利、潜心研究的奉献精神；集智攻关、团结协作的协同精神；甘为人梯、奖掖后学的育人精神。2020年9月11日，习近平总书记在科学家座谈会上指出：“科学成就离不开精神支撑。科学家精神是科技工作者在长期科学实践中积累的宝贵精神财富。中华人民共

○ 1964 年我国第一颗原子弹爆炸成功

和国成立以来，广大科技工作者在祖国大地上树立起一座座科技创新的丰碑，也铸就了独特的精神气质。”

回顾中国的科技发展史，我们真切地感受到，只有在党的领导下，科技工作者才真正实现了科技报国、科技兴国的人生抱负，中国的科学事业才取得了伟大的成就。

爱国是科学家精神的第一要义，爱国主义是中华民族的民族精神核心。中国的知识分子历来就有浓厚的家国情怀和强烈的社会责任感，从李四光、钱学森、钱三强、邓稼先等一大批为中国不懈奋斗的老一辈科学家，到陈景润、黄大年、南仁东等一批批祖国培养起来的杰出科学家，无一不是爱国科学家的典范。他们用实际行动，诠释了“科学无国界，但科学家有祖国”的道理，也谱写了精彩的人生篇章。

在中华人民共和国成立初期，一大批优秀的中国科学家从欧美归来，邓稼先就是其中之一。当时，领导找他谈话，希望他从事核武器的研究，他毫不犹豫地同意，从此辞别家人，进入最高机密研究机构，直至身患绝症方才再度“现身”。

另一位为“两弹一星”事业壮烈牺牲的科学家，是著名的力学家郭永怀。1956 年 10 月，时任美国康奈尔大学终身教授的郭永怀和夫人李沛，带着他们的孩子冲破重重阻挠回到了祖国。1968 年，郭永怀在准备中国第一次导弹与热核弹头（氢弹）结合试验的时候，为了及时汇报某一项重要的科研线索，在连夜乘坐飞机返回北京的途中不幸遭遇空难。令人肃然起敬的是，在飞机坠毁的瞬间，郭永怀和他的警卫员紧紧抱在一起，将机密技术资料护在两人身体中间，确保这些关系到中国核力量建设的科研成果完好无损。

创新精神是科学家精神的灵魂。科学家的使命，就是要探索未知，或者通过工程技术创新，创造新的产品，解决尚未解决的问题。中华民族是富有创新精神的民族，在绵延 5000 多年文明的历史长河中，中华民族曾经为人类创造了举世闻名的科技成果。从中华人民共和国成立到改革开放，再到党的十八大以来，中国的科技发展越来越迅猛，越来越强大，取得了举世瞩目的成就。

王淦昌是著名的核物理学家，也是“两弹一星”功勋勋章获得者。他一生都在追求创新，即使在年过花甲之后，也仍然在学术领域追求创新。他在技术上全面领导了中国的前三次地下核试验，让中国用更少的试验次数，掌握了发展核武器所需的知识。同时，他也致

○ 1967 年我国第一颗氢弹爆炸成功

力于推动中国核电事业的发展，在他的推动和倡导下，中国人自己设计、建造了第一个核电站——秦山核电站。面对国际社会高科技领域的竞争，他与另外3位科学家一起提出了“863”计划并得到了邓小平同志的批准。令人钦佩的是，在年届九旬的时候，王淦昌还关注着人类未来可持续发展的清洁能源的研究状况，并提出了激光驱动核聚变理论，直到离世前，他都仍在推动这方面的研究。王淦昌用自己的一生，诠释了科学家的创新精神。

求实精神是科学家精神的基础。科学活动是探究事物本质和演化规律的过程，科研工作是不断思考、观察假设、试验求证、去伪存真的复杂过程，唯有求实才是立足之本。

在中国的科学家当中，求真务实、探求真理的事例可谓不胜枚举。20世纪90年代，上海市决定兴建浦东机场，原

○ 秦山核电站是我国自行设计建造和运营管理的第一座压水堆核电站。1974年设计，1985年开始建设，1991年年底并网发电

本选址在海堤之内的川沙城厢东部。但是，中国河口海岸学奠基人、中国工程院院士陈吉余认为，机场建造在海堤之内并不是一个好方案，因为美国纽约的肯尼迪机场建造在海滨沼泽，日本东京的成田机场、大阪的关西机场则建造在海岸外，都是为了减少对海边已开发土地的占用。于是他据理力争，最终使得机场修建在了海堤之外的潮滩上，为上海市保住了海堤内异常珍贵的“熟地”，也使很多沿海居民不至于因为拆迁离开自己熟悉的家园。

奉献是科学家精神的风范。中国人崇尚“淡泊明志，宁静致远”。科学研究是长期的事业，有其自身规律性，特别是一些基础研究，投入大、周期长，甚至从成果诞生到被广泛认可，需要经历极长时间的考验。因此，推动科研进步，特别是创造一流的科研成果，不可能一蹴而就，只有坚持不懈，久久为功，才能实现从量变到质变的突破。中华人民共和国成立以来，中国许多优秀的科学家都能“干惊天动地事，做隐姓埋名人”。他们为科研事业沉下心长期勤奋钻研，不因困难退缩，不慕虚荣，不计名利。

屠呦呦是第一位获得诺贝尔科学奖项的中国本土科学家。在抗疟疾研究中，屠呦呦不只为科学牺牲家庭，还随时准备牺牲自己。用乙醚提取青蒿素，条件简陋，通风不好，让她得了中毒性肝炎。即便如此，她也丝毫没有停下研究的脚步。在发现药物有疑似毒副作用的时候，她甚至打报告申请以身试药。屠呦呦获诺贝尔生理或医学奖后，世界卫生组织全球疟疾项目主任佩德罗·阿隆索说：“屠呦呦和其他中国科学家在抗疟事业上的贡献是不可估量的。”屠呦呦却很平静地说道：“总结这40年来的工作，我觉得科学要实事求是，不是为了争名争利。”

协同精神是科学家精神的必然要求。科学研究需要合作，越是大的科研项目，越是需要大规模的合作。事实上，集体攻关、团结协作，始终是中国科学界的优良传统。无论是“两弹一星”的攻关，还是杨振宁与李政道获得诺贝尔物理学奖的“宇称不守恒定律”，以及吴健雄对这一理论的验证，都离不开科学家们的通力合作。

“两弹一星”功勋科学家、中国科学院院士王希季，是中国顶尖的卫星和返回技术专家。当中国航天计划从零起步时，他和几百名同龄人一起，成为航天研发团队的成员。当时，中国几乎没有人知道如何制造一枚宇宙火箭，或者一颗人造卫星。凭着“初生牛犊不怕虎”的精神，他们从头开始学习所有相关的知识。不过，航天计划并非只涉及运载火箭本身，而是一个需要考虑到方方面

○ 1970 年，“东方红一号”人造地球卫星发射成功

面的庞大的系统工程，且需要很多人协同合作。因此，他们群策群力，采用了很多简陋的替代方法，成功完成了研制火箭的任务，迈出了航天事业发展的第一步。

育人精神是科学家精神的核心要义，是薪火相传的关键；建设世界科技强国，是一项接力跑，因此培养后备人才是科学事业能够长远发展的关键。多年来，很多中国科学家不仅依靠自己的勤勉和学识，为国家的科技事业创造了不平凡的业绩，更是甘做铺路石，勇当领路人，为一代代青年才俊接续成长、施展才华提供了广阔的舞台。

钱学森是中国航天的开拓者，他深知培养人才的重要性。因此，在培养人才的过程中，他自己主编教材，亲自为大学生、科技青年和科技人员讲授导弹概论、星际航行概论等课程，培养了中国第一批导弹和航空航天专业人才。气象学家竺可桢选择在学术生命最旺盛的时期从事教育，认为这样更能体现自己的价值。华罗庚是世界著名的数学家，他的研究成果举世瞩目，有许多定理都是以他的名字命名的，如“华氏定理”“华 - 王方法”等。

同时，华罗庚还为我国培养了大批数学人才，几十个数学家将才，包括中科院院士和其他一些国内外著名的数学家。华罗庚曾说：“人有两个肩膀，我要让双肩都发挥作用。一肩挑起‘送货上门’的担子，把科学知识和科学方法送到工农群众中去；一肩当作‘人梯’，让青年一代搭着我的肩膀攀登科学的更高一层山峰，然后让青年们放下绳子，拉我上去再做人梯。”华罗庚十分关心青少年一代的成长，为中学生撰写数学课外读物，倡导举办数学竞赛，很多人才就是在华罗庚精神的激励下成长起来的。

弘扬科学家精神，可以促进国家科技创新发展，营造严谨求实的科研氛围，引导向上的社会风气。这将让中国社会拥有尊崇科学与科学家的氛围，从而引导更多的青少年从小学科学、爱科学、讲科学、用科学，并在长大之后投身于祖国的科技事业，真正肩负起祖国未来建设者的重任。

互动问答

从 1921—2021 年，中国共产党的历史可以分为哪几个时期？

第一个时期，从 1921 年中国共产党成立，到 1949 年中华人民共和国成立，是“新民主主义革命时期”。

第二个时期，从 1949 年中华人民共和国成立，到 1978 年党的十一届三中全会召开，是“社会主义革命和建设时期”。

第三个时期，从 1978 年党的十一届三中全会，到 2012 年党的十八大召开，是“改革开放和社会主义现代化建设新时期”。

第四个时期，2012 年党的十八大以来，是“中国特色社会主义新时代”。

回顾这一段历史，是中国共产党和中国人民用鲜血、汗水和泪水写就的，充满着苦难与辉煌、曲折与胜利、付出与收获。这都是中国继往开来、奋勇前进的坚实基础。

王南洋：

国家电网公司冀北党校高级培训师

○ 知史爱党，学史爱国

王南洋：从党史中汲取奋进的力量

扫一扫，
看专家讲座视频

2021 年，是中国共产党建党 100 周年。自 1921 年 7 月中国共产党成立以来，一批批共产党人不畏牺牲、前赴后继，最终改变了中国积贫积弱的局面，迎来了 1949 年 10 月 1 日中华人民共和国的诞生。如今，中国已成为极具影响力的世界强国。作为未来的国家栋梁，新一代青少年更应时常回望中国共产党走过的艰辛历程，从党史中汲取奋进的力量。

现代政党的诞生

现代意义上的政党诞生于 17 世纪的英国，至今已有 300 多年的历史。当时，随着资本主义的发展，新兴的资产阶级在社会上已经具有了相当的实力，在议会中的力量也日益增强，因此他们与国王和旧贵族之间的矛盾也日益尖锐。

17 世纪中叶，英国资产阶级革命爆发，革命领导者奥利弗·克伦威尔宣布英国成立共和国，实行军事独裁制度。但在克伦威尔病逝后，君主制很快在英国复辟，并重新拥有了实权。

1685 年，詹姆斯二世登基，他是英国最后一位拥有实权的国王。他希望英国国王能具有绝对的权威，但是这遭到了公众的强烈反对。加之詹姆斯二世信仰天主教，而非英国流行的基督新教，因此资产阶级新贵们也极力反对。在议会上，反对詹姆斯二世继承王位的人士组成了“辉格党”，支持詹姆斯二世的旧贵族则组成了“托利党”。最终，1688 年，辉格党通过“光荣革命”击败托利党，迫使詹姆斯二世退位并流亡法国，由他的长女——信奉新教的玛丽继承了王位。第二年，通过的《权利法案》，限制了国王（女王）行使权力的范围，使英国从君主专制转向君主立宪（虚君）制度。

事实上，辉格党和托利党的活动范围只局限于议会，他们没有全国性的公开组织和系统，所以其并不是严格意义上的现代政党，但它们被认为是现代政党的前身和政党最早的来源。在英国的国家权力从君主转向议会的过程中，这两个政党也在逐渐发生演变。到了 19 世纪 30 年代，伴随英国工业革命的完成，这两个政党分别演变成了自由党和保守党。他们为了争取选民，获得议会的多数席位，活动范围均突破了议会的狭小范围，在全国竞相发展自己的组织，建立起各自的选区协会等机构。

自由党和保守党都属于资产阶级政党，而属于工人阶级的政党则出现较晚。其实，英国的工人阶级曾经作为资产阶级的同盟者，参加过反对封建复辟的一系列斗争。但是，到了 19 世纪三四十年代，他们才以独立的政治姿态出现在政治舞台上。19 世纪 30 年代中期，工人阶级发起了以争取普选权为中心要求的宪章运动。1840 年，英国的工人阶级成立了全国宪章协会，向国会提出了为人民争取政治权利的《人民宪章》，并为此组织了一系列的请愿、罢工示威、游行等活动，以争取自己应得的权利。

当时的英国凭借强劲的工业实力，成为“世界工厂”，但创造财富的工人却过着极为清苦的生活，国家贫富差距极大。因此，工人们希望通过修改法律的方式参与国家管理。英国宪章运动和大体同时代的普鲁士（组成德国的邦国之一）西里西亚纺织工人起义、法国里昂工人起义共同被称为欧洲三大工人运动。但遗憾的是，运动均以失败告终。这说明当时的工人阶级迫切需要一个科学的理论来指导他们的斗争。于是，在 1847 年，诞生了世界上第一个以科学社会主义为指导思想的国际无产阶级政党——共产主义者同盟。同盟提出了明确的奋斗目标：推翻资产阶级，建立无产阶级统治，消灭以阶级对立为基础的资产阶级社会，建立无阶级、无私有制的新社会。共产党的历史由此开始。

伟大的友谊

虽然由于普鲁士政府的迫害和内部分裂，共产主义者同盟仅存在了 5 年就宣告解散，但是，这个政党培养了一大批无产阶级革命家。正如卡尔·马克思和弗里德里希·恩格斯同盟起草的纲领性文献《共产党宣言》的最后一句话：全世界无产者联合起来！

时至今日，马克思和恩格斯早已是我们非常熟悉的革命导师，他们的主要工作都是在 19 世纪后半叶完成的。马克思出身于资产阶级家庭——一个殷实的律师世家，他在大学里最开始学习的是法学，后来才转而学习哲学。马克思的姨妈索菲亚和姨夫奥林·飞利浦在荷兰创立了著名的家用电器企业——飞利浦公司。不仅如此，马克思的妻子燕妮·马克思，出身于大贵族家庭，他的妻兄弟曾经是普鲁士的内务大臣（在统一之前的德国，普鲁士是邦联中最为强大的邦国）。可以说，马克思出身名门望族，可是他却选择为自己追求的无产阶级事业离开家乡，四处流亡，为全世界的无产阶级寻找未来的道路。

○ 卡尔·马克思

恩格斯是马克思的挚友，他不仅为马克思的学术研究提供了很多经济支持，更是在马克思逝世后，代他整理了遗留下来的大量手稿。比如，马克思最伟大的作品《资本论》，在他生前只出版了第一卷，后面的两卷则是由恩格斯整理其手稿后编辑出版的。可以说，从 1883 年马克思离世到 1895 年恩格斯离世的 12 年时间里，恩格斯用 11 年的时间只做了一项工作，那就是专心整理《资本论》的手稿。为此恩格斯不惜放弃了自己的写作计划，并且没有在最终出版的《资本论》上署上自己的名字。因为恩格斯认为，整理马克思的著作如同和老朋友一起工作和思考。就这样，在伟大友谊的催化之下，两个人为了共同的理想奋斗了一生，最终成为全世界无产阶级的精神导师。

追溯他们的成长经历可以发现，共产主义事业的种子早就在他们的青少年时期就种下了。在马克思 17 岁的时候，他曾经在自己的作文《青年在选择职业时的考虑》中这样写道：

“如果我们选择了最能为人类而工作的职业，那么重担就不能把我们压倒，因为这是为大家做出的牺牲。那时，我们所享受的，就不是可怜的、有限的、自私的乐趣；我们的幸福将属于千百万人，我们的事业将悄然无声地存在下去，但是它会永远发挥作用。而面对我们的骨灰，高尚的人们将洒下热泪。”

同样是在这篇作文当中，马克思继续写道：

“在选择职业时，我们应该遵循的主要指针是人类的幸福和我们自身的完美。不应以为这两种利益会彼此敌对、互相冲突，一种利益必定消灭另一种利益。相反，人的本性是这样的：人只有为同时代人的完美、为他们的幸福而工作，自己才能达到完美。”

正是在 17 岁时立下的志向和理想，激励着马克思不忘初心、不懈追求。12 年之后，将近 30 岁的马克思，完成了影响世界共产主义运动的《共产党宣言》。

《共产党宣言》的序言中指出：“被剥削被压迫的阶级（无产阶级），如果不同时使整个社会一劳永逸地摆脱一切剥削、压迫以及阶级差别和阶级斗争，就不能使自己从进行剥削和统治的那个阶级（资产阶级）的奴役下解放出来。”也就是说，无产阶级只有解放全人类，才能最终解放自己。而这种“要实现人类普遍解放”的观点，正是马克思青年时代的理想，亦是《共产党宣言》宗旨的延伸和升华。

中国共产党的起点

在马克思和恩格斯离世后，共产主义事业的后继者们并没有辜负这两位伟大导师的理想和意愿。由弗拉基米尔·伊里奇·列宁所领导的十月革命在俄国取得了胜利。1917 年 11 月 7 日，以列宁为首的布尔什维克党领导俄国的工人、农民和革命士兵，在彼得格勒举行武装起义，推翻了资产阶级的统治，建立起世界上第一个无产阶级专政的政权。

当俄国发生十月革命的时候，世界上还正在进行第一次世界大战。事实上，

○ 列宁雕像

名师讲堂：

十月革命一声炮响，为中国送来了马克思列宁主义

这著名的“一声炮响”是从当时停在圣彼得堡涅瓦河畔的“阿芙乐尔号”巡洋舰上发出的。“阿芙乐尔”是俄语，其蕴含的意思是“曙光女神”。这艘巡洋舰用舰炮轰击了俄国临时政府所在地冬宫，为革命者夺取它提供有力支援。而“阿芙乐尔号”巡洋舰的这次行动，也将革命的火种撒向了世界，“一声炮响”如同漫漫长夜后的黎明曙光，对人类文明产生了重大和深远的影响。

正是第一次世界大战令俄国帝国内部的危机爆发出来，并在 1917 年连续发生了两次政权更迭。第一次世界大战的主要战场在欧洲，当时忙于战争的列强基本无暇顾及在亚洲占领的土地，这就给了日本扩张势力范围的机会。作为亚洲唯一的帝国主义国家，日本在第一次世界大战中加入协约国阵营，与中国同为战胜国。但在 1919 年的巴黎和会上，日本要求获得战败国德国在中国山东半岛的各项特权，这严重侵犯了中国的领土主权。

在帝国主义列强的操纵下，巴黎和会无视中国收回失地的要求，并在对德国的和约上明文规定，要把德国在中国山东半岛的特权全部转让给日本。就在北洋政府准备在这份和约上签字时，外交失利的消息传回国内，激起了国人的强烈反对。1919 年 5 月 4 日在北京爆发了著名的爱国运动，史称五四运动。当时，北京的 13 所学校的 3000 多名爱国学生会集到天安门，通过示威游行、请愿抗争等方式向当局示威。

在五四运动爆发的过程中，新文化运动的思想领袖陈独秀、李大钊等人起了重要的作用。在他们的影响下，五四爱国运动中的左翼骨干，如毛泽东、邓中夏、周恩来等人，开始了思想方面的转变，逐步树立起马克思主义信仰。与此同时，中国的知识分子逐渐认识到了工人阶级力量的伟大，认识到了中国革命必须依靠广大的人民群众。1920 年 2 月，李大钊护送当时被反动当局密切监视的陈独秀从北京朝阳门出城。一路上，他们满怀激情地讨论着共产主义，并相互约定，分头在北京和上海筹备组建中国共产党。“南陈北李相约建党”是中国历史上划时代的事件，标志着中国共产党这个充满着时代理想、肩负着时代使命的青春政党即将诞生。

工人阶级的力量是伟大的

李大钊曾说，他的理想是“以青春之我，创建青春之家庭，青春之国家，青春之民族，青春之人类，青春之地球，青春之宇宙”。直到1927年4月，李大钊被反动军阀张作霖逮捕，在即将牺牲之际，他仍将自己的生死置之度外，首先想到的是和他一起被捕的那些爱国青年，在他看来，那些爱国青年才是国家的未来。虽然这位中国共产党的创始人在遇害的时候只有38岁，但他却用短暂的一生，为很多青年注入了爱国的思想，引领他们走上了革命的道路，毛泽东便是其中之一。

“红船精神”的传承

1893年，马克思逝世10周年之际，毛泽东出生。1918年，马克思诞辰100周年之时，毛泽东来到北京大学图书馆报到，正式成为一名图书管理员，并在此认识了李大钊，第一次接触到马克思主义思想。

早在少年时代，毛泽东就已经展示出与同时代青少年不同的精神气质。1910年秋天，17岁的毛泽东离开了家乡韶山，走向外面更广阔的世界。10年后，他在上海见到了中国共产党的另一位创始人——陈独秀。毛泽东事后回忆说，到了1920年夏天，他（陈独秀）在理论上，而且在某种程度的行动上，已经成为一个马克思主义者了。

1921年7月23日，中国共产党第一次全国代表大会在上海举行。包括毛泽东在内的一行13人，代表全国50多位党员齐聚上海法租界李汉俊的家里，讨论中国共产党正式成立事项。7月30日晚上，一名法租界的密探突然闯入会场，问起一个并不存在的人物，随后以“走错门”为借口离开。十几分钟后，租界的警察便包围了会场，经过一番搜查，他们一无所获，最后悻悻离开。这起事件虽然没有造成重大损失，但代表们判定这个会址已不再安全，便转移到浙江嘉兴的南湖上，包下一艘游船，假装游客，完成了会议的最后一个环节——宣告中国共产党正式成立。

这艘在党史中被誉为“红船”的游船，虽然很小，但能量巨大。“红船精神”所承载的共产党人的“开天辟地、敢为人先，坚定理想、百折不挠，立党为公、忠诚为民”的伟大思想和理念是带领中国摆脱旧时代、战胜外辱内患、开辟新时代、实现中国梦的重要指引和航标。在抵御外敌入侵和消灭反动势力、争取国家独立的进程中，一批批共产党人前赴后继，为改变中国的落后面貌，献出了宝贵的生命。

1945年春天，抗日战争胜利在即，

"红船精神"永远传承

中国共产党召开了第七次全国代表大会。毛泽东在大会报告中提到，无数革命先烈为了人民的利益牺牲了生命，每当想起他们，我们就感到难过，难道我们还有什么个人利益不能抛弃吗？其实，作为中国革命领袖，毛泽东自己也为革命事业牺牲了6位至亲（包括在抗美援朝战争中牺牲的长子毛岸英）。后来的解放军元帅贺龙，有5位至亲为革命事业先后牺牲，整个贺氏宗族为革命事业牺牲的人数高达2050位。徐海东大将的家族有66名亲人被反动派杀害。这些将生死置之度外的共产党人和支持他们革命事业的家人、宗亲，用自己的生命换来了我们今天的幸福生活。

正如革命烈士方志敏在狱中写下的散文《可爱的中国》所言："不错，目前的中国，固然是江山破碎，国弊民穷，但谁能断言，中国没有一个光明的前途呢？不，决不会的，我们相信，中国一定有个可赞美的光明前途……假如我还能生存，那我生存一天就要为中国呼喊一天；假如我不能生存——死了，我流血的地方，或者我瘗（yì，意为埋葬）骨的地方，或许会长出一朵可爱的花来，这朵花你们就看作是我的精诚的寄托吧！在微风的吹拂中，如果那朵花是上下点头，那就可视为我对于为中国民族解放奋斗的爱国志士们在致以热诚的敬礼；如果那朵花是左右摇摆，那就可视为我在提劲儿唱着革命之歌，鼓励战士们前进啦！"

中国共产党和人民军队对革命事业的无限忠诚，对人民的无私付出，收获

○ 做“红船精神”的传承者，新时代的接班人

了人民群众对党的革命事业的支持和拥护。在解放战争时期，解放区的百姓以送郎、送子参军为荣，以至于出现了“最后一尺布，用来做军装；最后一碗米，用来做军粮；最后一个儿子，送到战场上；最后一床被子，盖在担架上”的动人佳话。

如今，中国共产党已经走过百余年历程，革命的红船也驶过硝烟与战火，转坎坷为通途，劈波斩浪，勇往直前；如今，红船早已驶出南湖，奔向更加充满挑战的大江大河。船到中流浪更急，要想“到中流击水，浪遏飞舟”，就更需要时代的弄潮儿。因此，青少年要做好“红船精神”的传承者，做好新时代中国特色社会主义事业的建设者和接班人。

互动问答

“十月革命”发生在1917年11月，为何被称为“十月革命”呢？

当时的俄国尚未使用现代公历，而是执行古罗马时代的儒略历法。大约2000年时间产生的累计误差，导致儒略历日期晚于现代公历。按照儒略历计算，革命的这一天是10月25日，因此这次革命被称为“十月革命”。

中国航天
CZ-2F

02

戚发轫：

空间技术专家，神舟飞船首任总设计师，中国工程院院士，北京航空航天大学宇航学院名誉院长

◎ 不断向着航天技术的前沿挺进

戚发轫院士：
中国航天与航天精神

扫一扫，
看专家讲座视频

1970 年 4 月 24 日，中国第一颗人造卫星“东方红一号”发射升空，开启了中国的航天时代。半个多世纪过去了，中国不仅掌握了载人航天技术，而且建成了自己的空间站，并着手探测月球及更为遥远的天体。中国航天事业自创建以来，无数航天人殚精竭虑、默默奉献，使中国的航天事业后来居上。

从“东方红一号”说起

1970 年 4 月 24 日，中国用“长征一号”运载火箭，将“东方红一号”卫星发射升空，成为世界上第五个能够依靠自己的力量发射卫星的国家。半个多世纪以来，中国不断向着航天技术的前沿挺进，截至目前，我国已经拥有了三种重要的航天能力，即将卫星送入太空的能力、利用太空资源的能力，以及保卫太空（航天器）的能力。而利用太空资源的能力又包括应用卫星与卫星应用的能力、载人航天的能力和深空探测的能力。

名师讲堂：

中国“东方红一号”人造卫星

1957 年 10 月 4 日，苏联发射了第一颗人造卫星，开启了人类的航天时代。此后，美国、法国、日本、中国陆续掌握了制造火箭和发射人造卫星的技术。

虽然中国排名第五，但发射的“东方红一号”的质量却重达 173 千克，超过苏联、美国、法国、日本四个国家第一颗人造卫星的质量之和。中国能够发射如此沉重的卫星，意味着中国建造的火箭推力更为强大。这对于一个发展中国家来说，是一项非常了不起的技术突破。

○ 准备发射“东方红一号”卫星的“长征一号”火箭

人类在陆地上可以通过乘坐飞机飞到空中，但如果想要飞得更高，如飞到地球之外，飞机就无能为力了，目前只能依靠运载火箭。可以说，研制运载火箭是航天计划的第一步。只有强有力的火箭，才能让卫星、宇宙飞船等航天器克服地球引力，环绕地球飞行，甚至可以克服其他天体的引力，在宇宙中飞得更远。

1957 年 10 月 4 日，随着苏联第一颗人造卫星发射升空，人类进入了航天时代。随后，美国、法国等国家相继发射人造卫星至太空。由于当时的卫星质量较轻，所以运载火箭并不需要特别大的推力就可以完成航天任务。如今，随着航天事业的发展，各个航天强国都研制出了推力更为强大的火箭，可以将沉重的宇宙飞船和空间站组件送到地球轨道，或助力星际探测器和宇宙飞船前往其他星球。中国最近几年投入使用的“长征五号”运载火箭，昵称“胖五”，就是一种推力巨大的运载火箭，它可以将质量重达 20 ～ 25 吨的航天器送入地球轨道。

当然，发射人造卫星并不需要“胖五”那么大推力的火箭。中国的“长征”系列运载火箭早已形成了一个庞大的“家族”，它们可以满足各种航天任务的需求。此外，中国的人造卫星也形成了能够执行不同任务的几个系列。

如果按照卫星执行的信息处理任务分类，人造卫星大体可以分为传输信息的卫星、获取信息的卫星和发布信息的卫星三类。

在承担传输信息的卫星中，最为重要的是布设在地球静止轨道上的卫星。这条轨道位于地球赤道上方 36000 千米处，如果在这里布设一颗通信卫星，那么它发射的信号就可以覆盖地球表面大约 1/3 的范围。也就是说，只要在这条轨道上有 3 颗通信卫星，就可以实现全球大部分区域的卫星通信。我们通过电视可以收到节目，通过手机可以与远方的家人沟通，这些都是通信卫星的功劳。

在承担获取信息任务的卫星中，比较常见的是气象卫星和地球资源卫星。每天晚上，中央电视台播放的天气预报，都会从卫星云图开始，这些云图就是由中国自行研制的“风云”系列气象卫星提供的。在每年的台风季，我们也是通过气象卫星来获取台风行动路线等信息的。

在承担发布信息任务的卫星中，比较常见的是导航卫星。目前，中国已经建成了“北斗”卫星导航系统，在中国发售的手机一般都能接收它发布的定位信息。在海上航行的船舶，也是依靠“北斗”系统广播的信息来确定自己的位置的。

着力利用太空资源

正是因为环绕地球运行的一颗颗卫星，才使得人类得以享受卫星电话、卫星电视和卫星导航，以及比较精准的天气预报服务等。然而，卫星要想环绕地球运行，从而为人类服务，就必须在发射升空后进入能达到此目的的轨道。可是，虽然太空看起来无边无际，但既能够环绕地球运行，又对人类有用的轨道却是有限的，适合某些特定任务的轨道就更稀有了。

在所有的轨道当中，空间最为紧张的是地球静止轨道，因为它只有一条，却要容下许多执行类似任务的航天器。对这条轨道上位置的争夺，是航天大国博弈的热点。另一些常用的轨道包括太阳同步轨道和极地轨道。

○“长征五号”运载火箭近景（图片来源/中国运载火箭技术研究院）

○ 地球同步卫星正运行在地球静止轨道上

○ 在国际空间站绽放的百日菊

太空中的另一类重要资源是环境资源。太空中没有空气，人和物体都处于失重状态，来自太阳的辐照很强烈。这些与地球表面不同的地方，提供了适合科学实验的环境。比如，在辐照和微重力条件下，植物的种子更容易发生基因变异。因此，人们会把农作物的种子装到卫星或宇宙飞船上，让其经历太空环境之后再选育，这样便有可能得到具有独特品质的农作物的种子。

直接在太空中利用太阳能，不会导致污染或者碳排放，是一种环保的选择；而且，太阳还有数十亿年的寿命，因此更是一种未来的选择。然而，地球大气层会极大地削弱到达地面的阳光，损耗大部分能量。而且，在阴雨天气和夜间也无法利用太阳能发电。如果建造环绕地球飞行的太阳能电站，在太空中先把太阳能转变成电能，再设法输送到地球上，就可以让人类享受到洁净、方便且近于无限再生的能源了。

此外，月球上的氦 -3 是未来人类掌握可控核聚变技术之后的重要资源。作为地球的卫星，月球虽然与地球相距不远，但那里没有大气层，也没有液态水，人类无法生存，但月球上却有丰富的氦 -3，其储量可能是地球氦 -3 储量的上万倍。这对于可控核聚变电站来说，是不可或缺的“燃料”。除此之外，在太阳系的一些小行星上，可能蕴藏着稀有的金属资源。只要人类研发出开采小行星矿藏并将其运回地球的技术，当下困扰人类的资源危机便会得到缓解。

尽管中国目前的航天技术可以将卫星发射至近地轨道，但中国的航天工作者并不满足于此，除了载人航天，中国航天近年来取得长足进步的另一个领域便是深空探测。这意味着航天器不能仅留在地球附近，而要抵达月球，继而向着更遥远的太阳系空间挺进，甚至抵达太阳风的边缘（太阳发出的物质可以抵达的最远位置）。

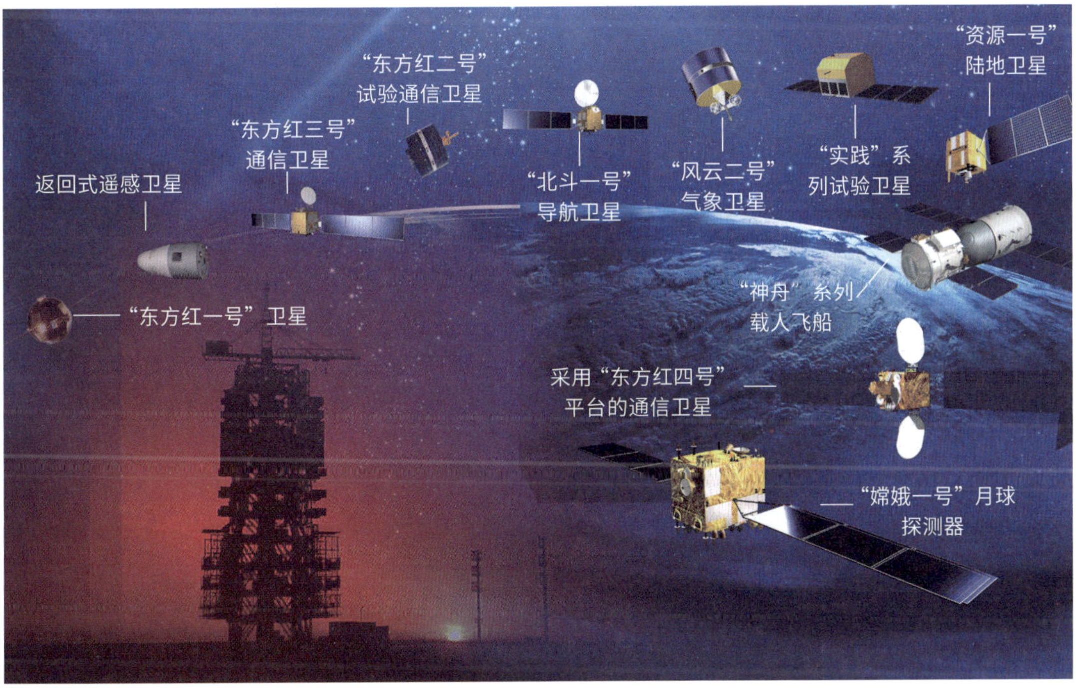

○ 太空寻梦

现在，中国已经陆续发射了 5 枚“嫦娥”系列月球探测器。“嫦娥一号”“嫦娥二号”完成了环绕月球、绘制月球表面地图和进行相关研究的任务；“嫦娥三号”“嫦娥四号”分别搭载着两辆“玉兔”月球车，降落在月球正面和背面，带回了更进一步的科研成果；“嫦娥五号”不仅登陆月面，而且带回了 1731 克月球土壤标本，帮助中国科学家获得了关于月球环境的第一手资料。

在探月工程取得出色成就的同时，中国的火星探测器“天问一号”已经着陆火星表面，并释放了“祝融号”火星车。相比于探测月球，前往火星并不容易。尽管如此，中国第一次火星探测时，探测器就一次性完成了环绕火星、着陆火星和释放火星车探测等一系列任务。这也离不开中国航天工作者的努力和精心准备。

○ 月球土壤样品为国家博物馆 GB93484 号藏品

○ “着巡合影”图（图片来源 / 国家航天局）

名师讲堂：

中国探月“三步走”

2004 年，中国正式开展月球探测工程，并命名为“嫦娥工程”。在最初的无人探测阶段，中国采取了“三步走”策略，通过不同探测器依次完成“绕”“落”“回”任务，而且每一步都会对月球有更深入的了解。

2007 年 10 月 24 日，“嫦娥一号”探测器成功发射，踏实迈出了中国深空探测的第一步。2010 年 10 月 1 日，“嫦娥二号”探测器成功发射，作为探月工程二期的先导星，它承担了验证技术、深化月球科学探测的使命。

2013 年，“嫦娥三号”探测器成功落月，实现了中国航天器首次在地外天体软着陆。

2014 年 11 月 1 日，探月三期再入返回飞行试验器作为“探路先锋”，完成了地球轨道以外航天器再入大气层的返回验证任务。2019 年 1 月 3 日，“嫦娥四号”探测器在中继卫星“鹊桥”的帮助下，成功踏足月球背面，代表人类对这块“处女地”展开了第一次探索和挖掘。

最后，2020 年 12 月 17 日，“嫦娥五号”探测器的返回器携带月球样品，以接近第二宇宙速度的速度返回地球，按照预定方案降落在内蒙古四子王旗着陆场。这些来自月球的珍贵标本，标志着中国月球探测工程已经完成了“绕”“落”“回”的任务目标。

载人航天，打造“天宫”

从 20 世纪末开始，中国就着手研制“神舟”系列载人飞船，并在 2003 年将第一位航天员杨利伟送上了太空。目前，世界上仅有三个国家真正实现了载人航天，中国是其中之一。

“神舟五号”顺利升空之后，中国在不断完善“神舟”系列宇宙飞船的同时，相继发射了中国空间实验室的雏形“天宫一号”和中国真正意义上的空间实验室“天宫二号”。由于航天员不仅需要进入太空和安全返回地球，也需要在太空中有一个稳定的居所，便于开展科研任务，所以在技术完善之后，中国便着手建造“天宫”空间站。

有了空间站，就意味着需要有与之对应的物资供应链。毕竟航天员在太空中也需要吃饭、喝水、呼吸，但太空中没有这些物资，因此必须通过货运飞船将其送入空间站。为此，中国研发了“天舟”系列货运飞船，来补给必要的物资，如食物和科研材料等。与此同时，空间站中的水要不断循环，比如，人的汗液、尿液会被收集起来，净化成航天员的生活用水（饮用水）。虽然太空中没有氧气，但并不需要地球输送，因为无限供应的太阳能会产生足够的电能，将水电解产生氧气。此外，航天员还可以在空间站中种植蔬菜，在做科研的同时补充营养。

解决了上述所有人的基本需求的问题后，中国空间站计划方才启动并稳步前进，最终顺利完成。“天宫”空间站包括“天和”核心舱、“梦天”与“问天”两个实验舱。值得骄傲的是，未来，如果中国需要规模更大的空间站，“天宫”也可以继续扩展空间。

向航天人的奉献致敬

中国能在航天领域取得诸多辉煌成就，离不开一代代航天工作者的无私奉献。在推动中国航天事业不断向前发展的进程中，他们先后形成了航天传统精神、“两弹一星”精神和载人航天精神，这些精神成为中华民族宝贵的财富。

中国航天的传统精神是“自力更生、艰苦奋斗、大力协同、无私奉献、严谨务实、勇于攀登”；“两弹一星”精神是“热爱祖国、无私奉献、自力更生、艰苦奋斗、大力协同、勇于登攀”；载人航天精神则包括“特别能吃苦、特别能战斗、特别能攻关、特别能奉献”4 个方面。

○ “天宫”空间站在轨飞行示意图

中国航天精神的内涵是热爱祖国、为国争光的坚定信念，勇于攀登 、敢于超越的进取意识，科学求实、严肃认真的工作作风，同舟共济、团结协作的大局意识，以及淡泊名利、默默奉献的崇高品质。这些精神的源头是中国最早的一批航天工作者在亲历旧中国被外敌入侵与欺压的苦难之后，对帮助国家摆脱积贫积弱面貌的渴望。中华人民共和国成立初期，苏联撤回原本承诺的技术援助，并宣称中国将永远无法掌握“两弹一星”等高精尖技术。面对当时内外交困的局面，中国共产党迎难而上，毅然决然地带领广大的科技工作者走上了一条自力更生的道路，并坚信通过我们自己的努力，一定能够让中华民族再度屹立于世界之巅。

事实证明，有坚强、心怀天下的党，就有不惧困难、勇于付出的科技工作者。在中国航天事业的初创期，无数的科技工作者甘当无名英雄，不求名利、不计得失，一心想要打造出彰显国家实力的国之重器。最终，他们实现了愿望，“两弹一星”成功发射。而他们，在为祖国的航天事业奉献了自己的毕生精力和聪明才智后逐渐老去，并在功成身退之时，不忘将航天技术和航天精神传给青年一代，希望青年们也能像他们当年一样，勇于攀登，不断攻克航天领域的各种难关，将我国的航天事业推向一个新的高度。

在中华人民共和国成立仅 21 年后，我们就有了航天发射能力。而今，我们正在这一领域稳步前进，虽未取得最好的成绩，但我们对浩瀚星空的梦想和探索动力丝毫没有减少；相反，我们正加足马力，更加信心满满地继续向着星空进发。因此，我们有理由相信，到 2049 年，中国一定能够成为一个科技强国、航天强国。

互动问答

什么是太阳同步轨道和极地轨道？

地球的自转产生了昼夜和时差。当中国北京是正午的时候，位于地球“另一侧”的美国纽约正是深夜。为了避免时间和昼夜状态的区别会导致混乱，人们引入了时区和时差。

太阳同步轨道指航天器轨道面转动角速度与地球公转角速度相同的轨道。位于太阳同步轨道上的卫星，绕地球自转轴的旋转方向和角速度，与地球绕太阳公转的方向和平均角速度相同。这样，当卫星环绕地球运行的时候，其经过之处的地方时都是一样的。

极地轨道则是绕过地球南北两极飞行的轨道，这使得卫星可以一遍遍“扫描”地球表面，捕捉各种有意义的信息。

许健民：

中国工程院院士、卫星气象专家。曾任国家卫星气象中心主任、总工程师，“风云二号”静止气象卫星地面系统总师

〇 智慧气象

许健民院士：通过气象卫星看地球

扫一扫，
看专家讲座视频

电视台的天气预报节目常常是从主持人讲解卫星云图开始的。通过气象卫星，我们能够更为准确地观察和分析地球大气的变化，并对天气可能的演变做出预判。气象卫星的出现，让人类可以用一个全新的视角，去重新审视这颗世代生活的古老的星球。

从探空火箭到气象卫星

气象卫星的历史可以追溯到人类航天时代的初期。第二次世界大战之后，美国缴获了德国的V-2导弹，并俘获了其设计团队和专家。这是世界上第一种弹道导弹，在发射之后会飞出大气层，飞过一条抛物线后落回地面击中目标。美国“复活”了这种导弹，并将它改造成探空火箭。

1954年，有专家提议让V-2探空火箭带着照相设备从高空拍摄地球。美国兰德公司在评估这些照片之后认为，探空火箭给人们带来了一个前所未有的视角，使得人们可以自上而下地观测地球云层的模样，对天气预报和气象学研究都有价值。于是，发射能够服务于天气预报的人造卫星，便成为美国航天计划的一项目标。

1957 年 10 月 4 日，苏联发射了第一颗人造卫星，将人类带入了航天时代。第二年，美国也发射了自己的第一颗人造卫星，并发现了地球的范·艾伦辐射带，这是人造卫星取得的第一项科学成就。1960 年 4 月 1 日，美国发射了世界上第一颗气象卫星。虽然以今天的标准来看，利用这颗气象卫星所拍摄的云图不够清晰，但是这幅云图却开创了人类从空间观测地球的新纪元。从卫星拍摄的云图，和用地面及高空气象资料分析出来的天气系统模型，极具一致性和可比性，这让当时的气象工作者深受鼓舞。

气象卫星在天气预报中的价值推动了气象卫星事业的发展。1969 年，在一次强寒潮天气过后，周恩来总理提出要搞中国自己的气象卫星。1970 年，中国发射了第一颗人造卫星“东方红一号”。1974 年，中国开始研究气象卫星的种种技术细节：航天部门负责制造卫星和卫星上搭载的观测仪器，确保它在轨道上稳定运行，并将卫星数据传回地面；气象部门负责研究卫星发射以后，如何根据从卫星获得的原始资料制作卫星云图，并推导地球上各地大气和地面的物理状态。

名师讲堂：

第一颗气象卫星

1960 年 4 月 1 日，美国发射了世界上第一颗试验性气象卫星“泰罗斯 1 号”。这颗试验气象卫星的外表是一个有些扁的正十八棱柱体，高 48 厘米、直径 107 厘米，有些像超大号的鱼罐头，表面覆盖着太阳能电池板。“泰罗斯 1 号”搭载了电视摄像机、遥控磁带记录器及照片资料传输装置，在 700 千米高的近圆轨道上环绕地球运行。在整个服役期间，“泰罗斯 1 号”共拍摄了云图和地势照片 22952 张，有效照片比率约为 60%，以当时的标准来看可谓性能出色。此后，美国又发射了另外 9 颗“泰罗斯”系列气象卫星，并利用卫星数据为航空等行业提供气象服务。

根据轨道的不同，气象卫星可以分为两类，分别是极地轨道（极轨）气象卫星和静止轨道气象卫星。其中，极地轨道气象卫星沿着子午线经过地球南北两极，它边沿着此轨道运行边不断扫描地球表面；而静止轨道气象卫星则在赤道上空 36000 千米高的地球静止轨道上运行，可以连续不断地监视天气系统发展演变过程。

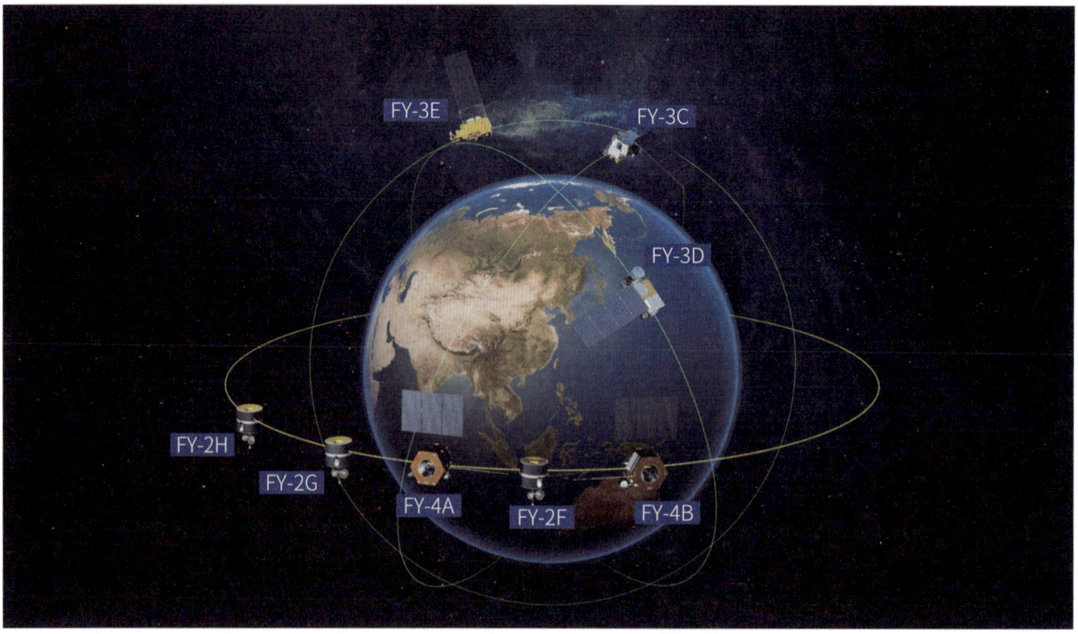

○ 8 颗在轨业务运行的中国气象卫星布局示意图（图片来源 / 国家卫星气象中心）

1988 年 9 月 7 日，中国第一颗极轨气象卫星“风云一号”A 星发射成功，标志着中国从此拥有了气象卫星。2008 年，中国第二代极轨气象卫星“风云三号”发射成功，让中国在这个领域跻身世界先进水平。在静止轨道气象卫星方面，1997 年 6 月 10 日，中国第一颗静止轨道气象卫星“风云二号”A 星发射成功。2016 年，第二代静止轨道气象卫星“风云四号”发射成功。这让中国在静止轨道气象卫星领域也得以跻身世界前列。

○ “风云二号”气象卫星

代气象卫星“风云二号”，在分辨率上也有大幅提高。它产生的数据量相当于“风云二号”所产生的数据量的 80 倍，能让气象学家对地球气象的演变有更精确的把握。此外，它在世界上首次实现了静止轨道的气象要素垂直探测，也使中国上空卫星云图的观测频率提高到分钟级。2017 年国庆节前夕，微信应用软件的开机画面也被短暂替换成了“风云四号”气象卫星拍摄的地球图像，使人们可以了解这项属于中国航天领域的科技成就。

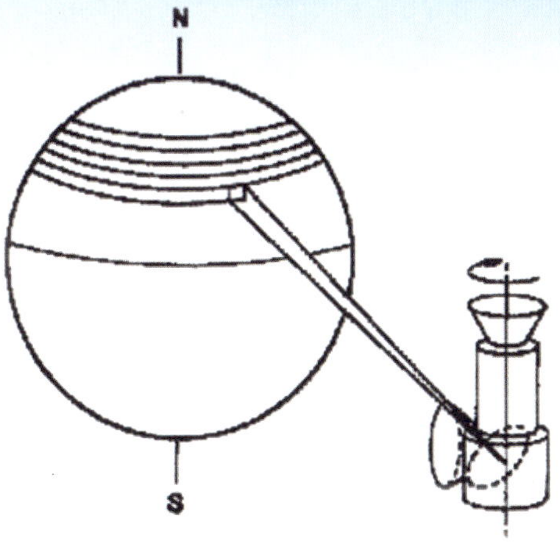

○ “风云二号”气象卫星在自旋的过程中完成扫描观测

“风云三号”气象卫星拥有卓越的技术水准，搭载了十多种不同功能的仪器，云图的分辨率可达 250 米。如果将所有的“风云三号”卫星云图拼接起来，就可以知晓世界各地的云层分布情况。但要做到这一点，对卫星的设计者而言并不容易。像“风云三号”这样的极轨卫星，在绕着地球旋转的过程中，卫星上的仪器要一直对着地球表面，无论卫星（随着旋转）“俯视”“平视”还是“仰视”地球，这些仪器都要随之精准地调整自己的角度，方能得到精确的卫星图像。

作为静止轨道气象卫星的“风云四号”，相比于上一

多通道扫描成像辐射计第一幅彩色合成图像

○ “风云四号”气象卫星首图

○ 微信变脸图片

世界上与“风云四号”气象卫星基本同时发射的静止轨道气象卫星还有美国的 GOES-R。它在发射升空之后，被更名为 GOES-16。它不仅能够每隔 30 秒拍摄一张图像，还可以对特定风暴区域的图像每 30 秒更新一次，因而有能

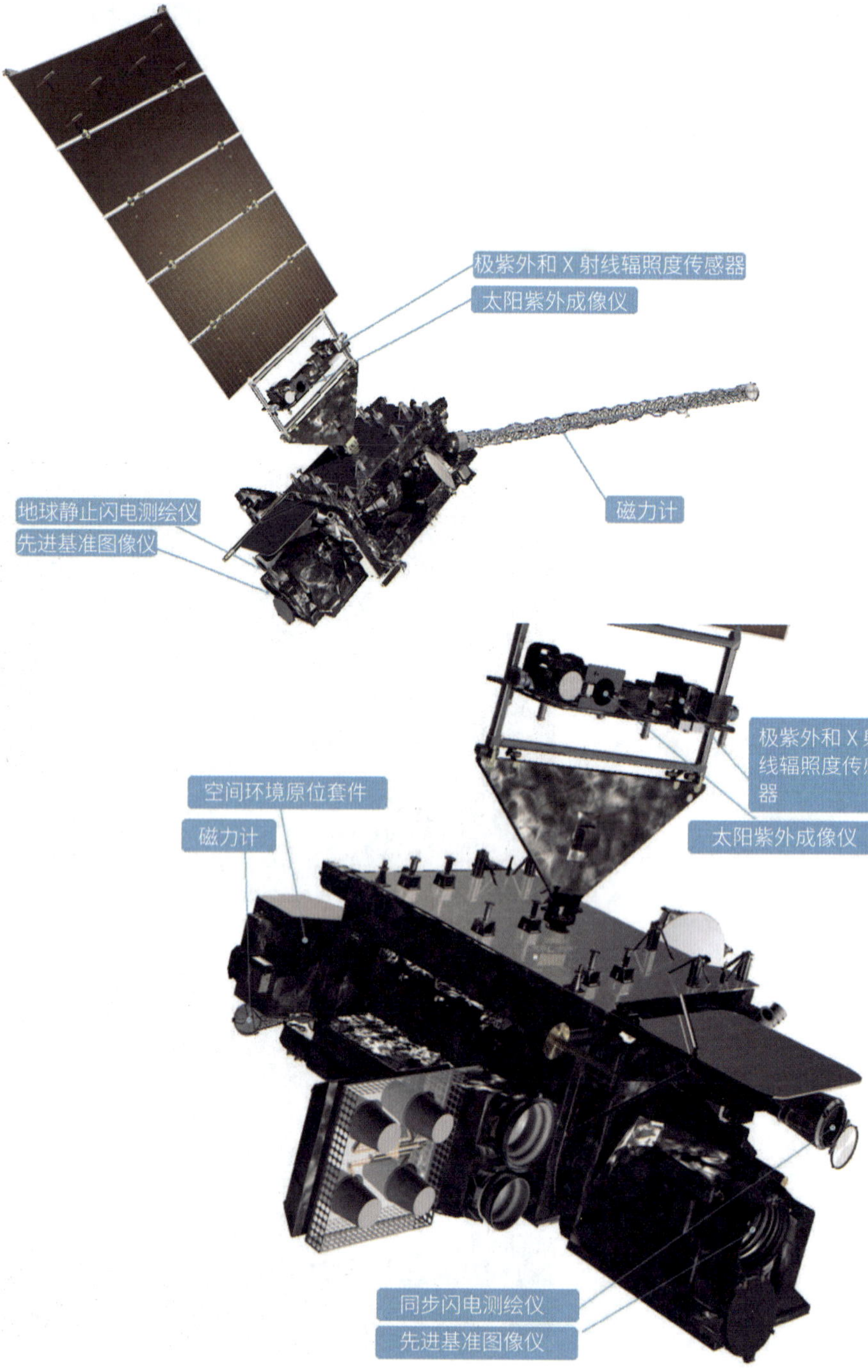

○ 气象卫星（GOSE-R）结构图（图片来源 / 美国国家海洋和大气管理局 / 美国国家航空航天局）

力追踪雷暴、飓风及其他猛烈风暴的发展变化。此外，它还可以每15分钟生成一次西半球的完整图像，每5分钟生成一次美国大陆的完整图像。

改变世界的气象卫星

在气象卫星诞生前，人们主要依靠布设在地面上的气象站获取天气资料。但绝大部分气象站都要设在居民点附近，以方便管理。所以，越是人口多的地方，如中国和美国的城市群，气象站就越多，气象数据也就越丰富。而那些人烟稀少的地方，如南美洲和非洲的雨林，气象数据相对较少。

而在更为广袤的大海上，我们只能依靠飞机和船舶来进行观测。但飞机和船舶一般需要沿着航线（航道）运行，在航道之外的海域，人们就很难获取气象资料。如今，气象卫星克服了这些瓶颈，帮助我们方便地获取全球的气象资料，特别是人迹罕至的地方的气象信息。

在20世纪90年代以前，气象卫星还不像今天这么普及。北半球的天气

○ 地面气象观测站

预报的准确度要比南半球高很多，因为世界上大部分人居住在北半球，这里的气象站更为密集，气象资料也更为丰富。但在有了完善的气象卫星网络和卫星提供的资料之后，南半球和北半球在预报准确度上的差异变小了，因为卫星可以为全世界任何一个地方提供标准的数据。

西半球

东半球

○ 气象卫星所拍摄的夏至日时的东、西半球

名师讲堂：

混沌理论

1961 年，美国气象学家爱德华·洛伦兹猜想，地球天气的变化也像日食和月食那样，可以通过公式计算出来。因此，他设计了一款通过在计算机上运行来模拟天气变化的软件，基于气压、温度等 12 个参数来计算天气。在进行测试的时候，洛伦兹曾经重新运行这个程序的某一部分，但为了节约时间，他没有从头开始运行，而是选择运行中段的某一时刻作为初始点来运行，结果却发现与上一次的结果大相径庭，而且偏离得毫无规律。

经过进一步研究，洛伦兹发现，当他重新运行程序时，没有直接调用存储在计算机里的中间数据，而是手工输入了打印出来的数据。然而，受制于当时的计算机技术，输出的数据会自动省略一部分，只保留小数点后 3 位；但在计算机内部，会使用小数点后 6 位的数据来运算。这极为微小的误差却导致了运算结果的巨大差异，这说明他的天气模型有一个很大的特点，就是对初始条件极端敏感。而在现实生活中，天气的演变也会被一些微小的事件左右，从而导向和预期完全不同的结果。洛伦兹根据自己的发现创立了混沌理论，并以此来解释长期天气预报准确度有限的原因。

气象卫星也可以让人们实时了解云的分布情况，以及世界各地各种可能影响天气的因素。比如，当我们通过气象卫星发现某个地方的臭氧层出现了空洞，就说明这里的紫外线会更强烈；当发现某个地方的植被更为茂密，就可以判定该地植物的蒸腾作用可能会影响降水；通过研究海洋和陆地之间的温差，可以推测其对风向的影响。所有这些数据，人们都可以通过气象卫星来获得。而正是在这些数据的基础上，人们才有可能相对精准地预报天气未来的发展。

○ “风云四号”气象卫星的应用——监测“泰利”“杜苏芮”双台风

通过气象卫星这只“眼睛”，我们不仅可以预测天气，还可以用全新的视角去审视地球，能够看到不少神奇且有趣的自然现象。比如，台风登陆时，地面上见到的是狂风暴雨，而从气象卫星上看，台风是一个强烈旋转的圆形气旋，有一个非常密实的云带包围着中间的“台风眼”。通过云图，我们不仅可以监测到台风的存在，还可以根据台风云系的结构，估计台风的强度和移动方向。有了这些数据，气象部门就可以跟踪台风的行动路线，并预判接下来可能的动向，从而提醒沿海地带的人们做好防备。

在新一代“风云”气象卫星的帮助下，中国对台风的预报精度明显提高。通过卫星给出的数据，我们可以预判一场台风在接下来 24、48、72、96、120 小时内的变化。对台风行经位置和登陆点在 24 小时以内的判断误差，也从以往的 200 千米缩小到 100 千米。

冷空气会导致降水和降温，这也是天气预报需要关注的事项。特别是在冬季，是否降温直接关系着人们是否需要增添衣物，以及是否需要采取其他御寒的措施，如打开供暖设备等。在卫星云图上，我们可以看到冷空气形成时的特殊云形。通过

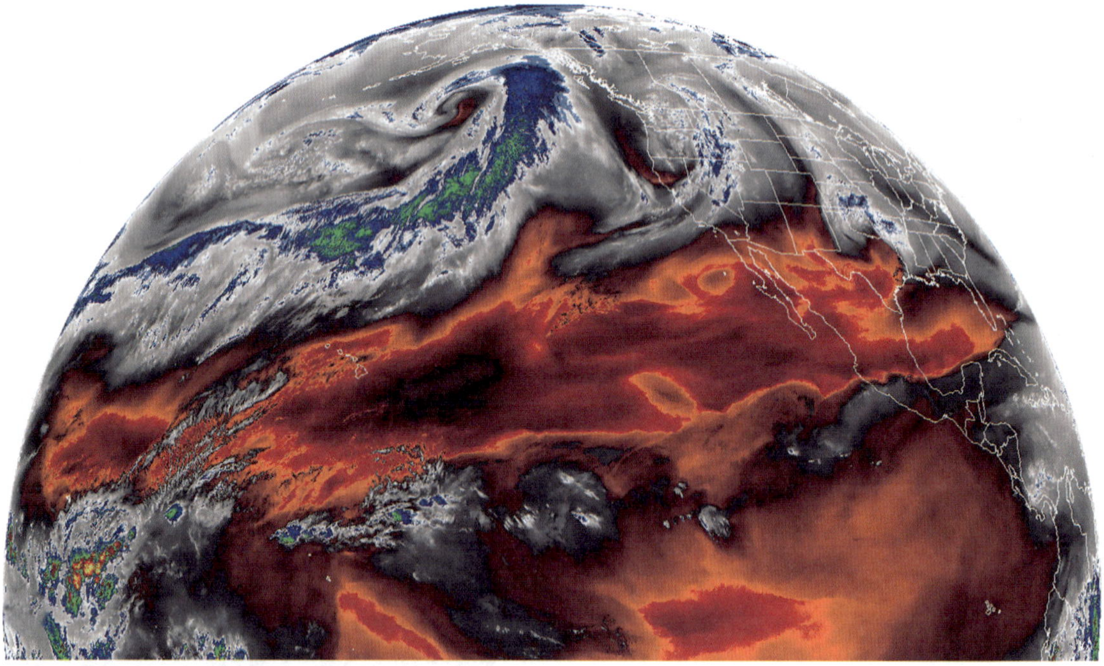

○ 气象卫星拍摄的太平洋上的大气涌动

这些云形，气象部门就可以进行降温预判，并在必要的时候发出寒潮警报。

强降雨天气带来的内涝，是中国很多大城市都要面对的问题。通过卫星云图，我们可以知道那些会带来降雨的云层将如何运动、在哪个位置会停留多久等，从而推算出雨量和降雨持续的时间。这些数据对于城市的管理者而言很重要，他们可以据此决断该如何调配防汛物资。

气象卫星眼中的地球

气象卫星不仅仅是“气象”卫星，或者说，它们的观测能力和提供的数据不仅仅服务于天气预报，还可以帮助我们观察地球上正在发生的地质灾害。比如，通过气象卫星可以看到发生在欧亚大陆的沙尘暴，并推测其最远会影响到西半球的美国。

○ “风云四号”卫星的应用——监测我国北方沙尘暴天气

火山爆发是一种极端的地质活动，但也会给天气带来明显的影响。最直接的影响便是悬浮在空气中的火山灰会破坏航空发动机的涡轮风扇，造成在空中飞行的飞机发动机停转。极轨气象卫星在不断“扫描”地球表面的过程中，会不断观察火山爆发后火山灰的扩散与分布情况。民航部门可以同气象部门合作，通过卫星观察火山灰的扩散速度与趋势，预测出火山灰接下来会影响的空域，并通知飞机加以规避。

此外，对大规模火灾的救援，也同样可以得到气象卫星的助力。1987 年 5 月 6 日，中国大兴安岭地区爆发了特大森林火灾，直到 6 月 2 日才全部扑灭。在指挥扑救火灾的过程中，气象卫星的

○ 气象卫星发现了 3 起野火（图片来源 / 美国国家海洋和大气管理局）

彩色云图发挥了重要作用。在火灾发生时，中国还没有自己的气象卫星。气象部门通过国外的卫星云图发现，这次火灾有3个起火点，其中古莲林场的火势最为猛烈。事后的研究表明，这次火灾的影响面积大约相当于中国领土面积的1/900。如果没有卫星对火势进行跟踪，调度消防力量会遇到更大的困难，造成的损失也将更大。

更长时间尺度的环境变化也可以在卫星图像中展现出来。20世纪90年代，中国正处于快速发展的时期，对自然环境的保护不够重视，导致一些地区的环境遭到严重破坏。如果对比"风云一号"气象卫星早期和晚期拍摄的卫星照片，就可以看到中国西部的一些地区，如青海省的某些牧区，以及一些其他省份的林地，绿色范围大幅减少。这是因为，过度放牧和过度伐木超出了大自然的自我恢复能力，最终导致生态环境急剧恶化。

水污染问题也可以通过气象卫星获得的气象资料显现出来。如对比早期和晚期"风云一号"气象卫星拍摄的卫星照片，就可以看到从20世纪80年代到21世纪初，太湖的水遭到了严重的污染，导致2006年蓝藻事件的暴发。对于被蓝藻污染的太湖而言，气象卫星传回的信息为其污染范围和程度提供了客观依据。

环境部门通过观察气象卫星所拍摄的湖水遭受污染的范围后，在污染最为严重的区域出动了无人机，来调查是哪些企业正在偷排污水。2006—2012年，江苏省政府为治理污染做了大量的工作。到2012年，卫星照片上显示的污染区域已经大大减少，且污染程度也大大减轻。

凭借这种来自太空的视角，我们让环境污染无所遁形，也为守护绿水青山做出了应有的贡献。

通过气象卫星，人们还可以看到一些令人担忧的事情正在发生。比如，当极轨气象卫星不断飞过地球南、北两极的时候，人们会不时看到正在崩塌的冰山。这说明，极地的冰雪正因为全球气候变暖而融化。类似的现象也发生在中国青藏高原的那些雪山上。如果全球气候变暖的趋势得不到遏制，那么冰川融化就意味着全球海平面上升，最终会严重危害人类社会。为了遏制即将发生的灾难，人类必须从现在开始有所行动。

○ 气候监测对灾害预警起到极为重要的作用

互动问答

什么是晨昏轨道气象卫星？

极轨气象卫星在800千米左右的高度，大约104分钟围绕地球旋转一圈，获取轨道两侧宽约2800千米范围内的气象数据。为了确保每3小时获得一次全球资料，至少需要3颗卫星协同工作。根据卫星从南向北经过地球赤道的地方时，把卫星的轨道命名为上午、下午和晨昏轨道。上午、下午和晨昏轨道卫星分别在当地地方时的上午和前半夜、下午和后半夜及凌晨和黄昏时间，获得地球上的观测资料。在这3种轨道中，晨昏时段的光照条件最差，光学成像最困难，但是它对于全球气象资料的完整性和及时性是不可或缺的。

由中国自主研制和发射的“风云三号”气象卫星E星，填补了国际上晨昏轨道卫星的空白。这颗卫星是世界上第一颗民用晨昏轨道气象卫星，它使中国成为世界上唯一同时拥有上午、下午、晨昏轨道，并形成了极地轨道气象卫星三星组网的国家。三星组网可以更好地满足全球数值天气预报实时同化全球气象资料的要求，为提升全球中长期数值天气预报的精度做出了贡献。

张兴华：

教授，北京交通大学博士生导师，北京市青年教学名师，北京交通大学物理演示与探索实验室（国家级科普基地）主任，中国物理学会物理教学委员会委员

○ 浩瀚的宇宙

张兴华：太阳系历险记

扫一扫，
看专家讲座视频

虽然太阳在宇宙中只是一颗微不足道的恒星，但它却为地球提供了孕育生命的必要条件。在未来的航天时代，发射载人航天器飞出太阳系，乃至前往其他类地行星天体探访将成为可能。但以人类现有的航天技术，抵达太阳系中的其他天体尚有困难，更别谈前往太阳系边缘这种耗时漫长的远征了。即便如此，在地球之外留下足迹，乃至成为多星球物种，仍是人类要走出的一步。

我们生活的太阳系

如果把整个太阳系想象成一个鸡蛋，那么太阳无疑处在蛋黄的位置。但如果按照每个天体的质量来画一幅太阳系的示意图，那么太阳（“蛋黄”）就会占据太阳系（“鸡蛋”）的绝大部分，因为太阳系的绝大多数质量都集中在太阳身上。人类居住的地球，乃至太阳系里最大的行星——木星，都只占据极小的一部分。

太阳的能量来自核聚变，具体就是将4个氢核聚变成一个氦核，同时释放惊人的能量。地球上的生命利用的大部分能量，都直接或间接来自太阳能。由于各个行星和太阳的距离不一样，所以接收到的太阳能也不一样。

○ 太阳系

最靠近太阳的行星是水星，由于它距离太阳太近，所接收到的阳光过于强烈，使得其上面一片荒芜，目前并没有发现生命迹象。有趣的是，水星环绕太阳公转的轨道并非封闭的椭圆形，而是以逆时针绕太阳缓慢转动的菊花形，这一现象被称为“近日点进动”。

名师讲堂：

水星的近日点进动

19世纪，欧洲的天文学家发现，水星环绕太阳公转的轨道与基于牛顿力学计算出来的轨道存在误差。进一步的观测表明，水星的公转轨道不是封闭的椭圆，而是如同菊花一样的轨迹，被称为“近日点进动”。牛顿的力学体系无法解释这一现象。阿尔伯特·爱因斯坦的相对论指出，水星进动现象是太阳质量过大引起空间扭曲导致的，而这种扭曲也正是万有引力的本质。

第二颗行星叫金星。在古代，中国人很熟悉这颗明亮的行星，并认为它是一位叫作“太白金星”的神灵。在古典文学名著《西游记》里，正是他负责招安了自封为“齐天大圣”的孙悟空。

金星的另一个有趣之处是，从地球的角度看过去，它的运动有着非常明显的节律。每过 8 年，它基本上会在同一天回到天空中的同一个地方。这是因为，金星绕太阳公转 13 圈所需的时间恰好等于 8 个地球年。这意味着，在 8 年时间里，公转周期更短的金星会有 5 次超过地球。而在地球上看，就好像是金星突然改变了原来的运行方向，且这 5 个“改变方向”的位置看上去基本上又都是平均分布的，因此如果把它们连起来，就会形成一个正五边形或五角星。世界上很多民族都喜欢五角星图案，很多小孩子在画夜空的时候，也会把星星画成五角星的样子，这些习惯其实都源于从地球上看到的金星的轨迹。

我们生活的地球是第三颗行星。比地球距离太阳更远的第四颗行星就是红色的火星。它独特的色泽要归因于表面丰富的氧化铁。到目前为止，人类还没有在火星上发现生命。但火星距离地球不算太远，接收到的太阳能和表面的温度也比较合适，所以有可能在经过改造后变成人类的第二个家园。

在火星和木星之间，由诸多不规则的石块组成了“小行星带”。而这些小行星也是“内太阳系”的边界。在它们之外，便是与前面 4 颗行星有很大不同的巨型气态行星——木星。

木星是目前已知的太阳系行星中的“巨无霸”。它是一个巨大的气体球，直径为地球直径的 11.25 倍。事实上，木星的组成成分和太阳的组成成分很

○ 火星表面有丰富的氧化铁，所以呈现红色

像，只是因为其质量还不足以引发核聚变，所以不会发光、发热。我们常常在科普书上看到木星表面有非常绚烂的色彩，那其实是格外强劲的风暴。而风暴也是木星最为显著的特征。此外，木星上如同眼睛一样的“大红斑”，其实是一个常年劲吹的巨大台风。由于木星没有固体表面，气候恶劣，而且它巨大的质量会产生惊人的重力加速度，因此，人如果在木星上降落，就会像流星一样

○ 木星和它的 4 颗卫星

燃烧，所以人类目前还不能登陆木星。

木星之后的第六颗行星就是有着绚烂光环的土星。在太阳系的大行星里，它大概是最容易辨认的一颗。土星的光环常常引人遐想，也常常出现在科幻电影里。但如果走近土星，就会发现它的光环其实是一个个条带，像跑道一样环绕着土星。组成光环的成分其实是碎裂的小石块和小冰块，它们在绕土星公转的时候，也在反射太阳光。由于这些小石块的化学成分不一样，所以反射出来的颜色也不一样，因此便有了土星被绚丽光环环绕的奇妙景观。

○ 土星的光环是由碎裂的小石头和小冰块组成的

第七颗行星天王星是一颗“躺着自转”的行星，它就像轮子一样在自己的公转轨道上滚动前进。因此，如果以天王星不那么明亮的光环作为参照物，人们或许会认为天王星的图片出现了错误，需要将图片旋转90°才“正确”。直到现在，天王星为何如此公转，仍然是天文学上的未解之谜。天文学家猜想，很可能在远古时期，其他天体的撞击导致它的自转轴发生了偏转。

○ 极具个性的天王星

天王星之外，便是目前为止人类已知的最后一颗大行星——海王星。这颗行星有着海蓝色的外表，但因为它距离地球非常遥远，所以直到今天，人们对它的了解仍非常有限。

名师讲堂：

冰巨星

人们常常习惯性地将太阳系的八大行星分为“类地行星”“类木行星”，后者是指巨大的气体行星，包括木星、土星、天王星和海王星。但随着天文观测数据的逐渐丰富，人们发现，天王星和海王星的成分其实与木星和土星的成分不一样。前者的总质量当中，氢和氦的占比只有20%，后者则可以达到90%。于是，天文学家将类似于天王星和海王星这种主要由氧、碳、氮、硫等一些比氢和氦更重的元素组成的巨行星，称为“冰巨星”。它们的体积比类木行星的体积小，比类地行星的体积大，卫星的数量也居于两者中间（至少在太阳系里是如此）。因此有人推想，未来发现的太阳系第九颗行星也可能是一颗冰巨星。

太阳系里的“小角色”

除了太阳和八大行星，太阳系里还有其他成员，如有着长长尾巴的彗星。由于彗星并不总是出现在天空中，并且出现一段时间后就消失不见，所以古人把它们叫作“客星”。

今天，我们已经知道，彗星其实大多有着非常扁的轨道。它们离太阳最近的时候，可能比水星还近；离太阳最远的时候，可能比海王星还远。所以，彗星的轨道有可能穿过所有大行星的轨道。而受大行星引力的影响，彗星的运行速度可能会发生改变。比如，哈雷彗星大约每过 76 年就会运行到太阳附近，人们也只有在此时，才能通过肉眼看到它。但有些时候，由于沿途大行星的引力，哈雷彗星可能会提前到达。

有时，彗星甚至会因为星球间的引力与大行星发生剧烈碰撞。1992 年，苏梅克 - 列维 9 号彗星就被木星的引力撕裂，分成了 21 个碎块，并在 1994 年 7 月依次撞击木星表面，造成了木星表面比地球还大的撞击“疤痕”。这起撞击事件也成为当年的天文学研究热点之一。

○ 67P 彗星

○ 拖着长尾巴的彗星

在比八大行星距离太阳更远的地方有一个由大量小石块和小冰块组成的柯伊伯带，那里蕴藏着很多彗星。在冰巨星和类木行星的引力作用下，彗星会向太阳系内侧飞行，走出一条非常扁的轨道，但也有一些彗星，可能来自比柯伊伯带更为遥远的地方。

除了彗星和小行星，太阳系里还有一类叫作“矮行星”的天体。如果你看过一些20世纪出版的天文科普书，可能会在其中看到“九大行星”的提法。因为人们曾经认为，1930年被发现的冥王星是太阳系的第九颗大行星。1978年，天文学家发现冥王星有一颗自己的卫星“卡戎”（冥卫一），就像地球拥有月球一样，便更加确定它是大行星。

然而，随着天文观测手段的进步，人们发现冥王星的体积远比预想的要小。再者，自1992年起，天文学家在冥王星所处的柯伊伯带又陆续发现了大量和它体量类似的天体，甚至在21世纪初还发现了质量大幅超过它的阋神

名师讲堂：

冥王星与矮行星

自从发现冥王星以来，在整个20世纪里，天文学界都在根据新的观测证据，向下修正冥王星的质量估值。到了20世纪末，天文学家基本已经确定，冥王星的发现是一种巧合，因为在它所处的柯伊伯带，存在大量类似的天体。此外，冥王星与冥卫一的质量、体积差别不大，这使冥卫一并非像其他卫星一样围绕冥王星公转，而是与冥王星一起围绕着冥王星星系的质量中心旋转。所有这些证据都使冥王星作为“大行星”的地位广受质疑。大约从2000年开始，一些科学博物馆在制作太阳系模型的时候，已经开始有意忽略冥王星，以引导公众讨论冥王星的地位。

2006年，国际天文学大会给出了“矮行星”的定义。除冥王星外，天文学界公认的矮行星天体还有冥王星的卫星卡戎、阋神星、鸟神星和人类发现的第一颗小行星谷神星等。其中，谷神星是唯一没有处于柯伊伯带的矮行星。

○ 被“抛弃”的“小冥”

星。更重要的一点是，冥王星虽然拥有球状的结构，而且绕着太阳公转，但其轨道与海王星的轨道交叉，所以不能算拥有专属轨道。基于上述几点，如果还将冥王星视作太阳系的一颗大行星，那么也就意味着太阳系的行星数量会陡然增多。

于是，在2006年的国际天文学大会上，便将冥王星排除了“大行星”的行列，重新定义为“矮行星”。

人类终将远航星海

自古以来，人类就渴望脱离大地的束缚飞向星海。古有中国的《嫦娥奔月》的神话故事，今有19世纪中叶法国科幻作家儒勒·凡尔纳写的一部《从地球到月球》的长篇小说。这部小说描写了在美国的一个叫巴尔的摩市的城市中，一群火炮专家组建了一个“大炮俱乐部”，因为战争结束无事可做，于是他们就想试试能不能用大炮把人送到月亮上去。在凡尔纳写作这部小说的时候，人们已经有了“宇宙速度”的概念，知道想要让炮弹抵达月球，至少需要加速到足够快。不过，凡尔纳也忽略了一个关键的问题，那就是炮弹只要离开炮口，就不可能再加速。

而想要真正完成航天发射，就需要利用火箭来提供动力，因为它可以在起飞之后平缓地加速，达到“宇宙速度”，将人造卫星和宇宙飞船等航天器发射到特定的轨道上。

20世纪60年代，人类进入航天时代。之后，为了让航天器获得更大的速度，以便脱离地球引力飞得更远，美国和苏联这两个航天强国所建造的火箭越来越大。例如，美国为“阿波罗”登月计划研制的“土星五号”火箭，起飞时的质量超过3000吨，相当于一艘（第二次世界大战时期的）驱逐舰的重量。苏联在20世纪80年代末推出了运载能力更为强大的“能源号”火箭，准备用来发射“暴风雪号”航天飞机。但随着苏联于1991年解体，这些计划都不了了之了。

○ 美国“阿波罗”登月计划，人类首次登陆月球

像“土星五号”这样规模的火箭，已经基本达到火箭技术的极限。因为建造更大的火箭是为了携带更多的燃料，但在火箭发射的时候，燃料的质量也是载荷的一部分，会占用火箭的运载能力，所以，受制于原理，使用化学燃料的火箭不能无限制地扩大尺寸。而要想让航天器飞得更快、更远，就需要寻找其他办法。

名师讲堂：

“土星五号”的图纸在哪里？

在美国，一些人认为“阿波罗”登月计划并没有真正将宇航员送上月球。他们宣称，所有在电视上播放的画面都是在摄影棚里拍摄的，唯一的目的就是为了威慑苏联，并让它为一个无法完成的目标空耗资源。这些人的论据之一，便是美国政府宣称登月火箭“土星五号”的图纸在20世纪90年代“神秘失踪”了。此后，美国不能再制造一枚“土星五号”，或者制造拥有同样运载能力的火箭来证明登月计划真的存在过。

但事实上，记录“土星五号”全套图纸的微缩胶片一直保存在美国航空航天局（NASA）。只不过，拥有图纸并不意味着可以重建“土星五号”。一方面，在“阿波罗”登月计划和“空间实验室”计划（美国的第一个空间站）都结束、“土星五号”的生产线关闭之后，美国决定研制新一代航天发射系统（也就是后来的航天飞机），并对发射台和配套设施进行了相应的改造。这使得发射台无法再用来发射“土星五号”。

另一方面，“土星五号”使用的是20世纪60年代的航天技术，即使在航天飞机刚刚诞生的20世纪80年代，这都已明显落后了。而为一种落后的发射手段重建老版本的发射台和配套设施，显然不是明智之举。更重要的是，“土星五号”涉及的零部件数量惊人，而当年的零件制造商有相当一部分已经倒闭或者转行制造其他产品，不可能再生产“土星五号”所需的老式零件。

美国未能推出与“土星五号”运载能力相当的火箭，主要是因为苏联解体后竞争对手消失导致的研发经费削减。但对于人类开发太空的伟业来说，航天发射能力的停滞甚至是倒退显然不是一个好消息。

在日常生活中，我们总能感受到万有引力的存在。从不小心摔碎的瓷器到成熟后落地的果实，这些现象的背后都是地球的万有引力在发挥作用。每个天体都有着或大或小的引力，如果能善加利用，就可以让航天器飞得更快一些。

我们知道，太阳系里所有的行星都在绕着太阳公转。如果让探测器从行星的“背后”也就是公转刚刚走过的位置掠过，那么万有引力就会牵拉探测器，让它朝着行星的“正面”也就是公转的方向偏转一定的角度。但从地球的角度来看，探测器受到行星的牵拉，会让它的速度大幅增加，有助于探测器更快地抵达太阳系边缘，甚至飞出太阳系。

1977 年，美国发射的“旅行者一号”“旅行者二号”探测器就利用了这种叫作“引力弹弓效应”的原理，通过飞掠木星、土星、天王星和海王星来加速，达到飞出太阳系所需的速度。能够利用这 4 颗行星让探测器加速的机会，每隔 175 年才能出现一次。所以，在研制这两艘探测器时，科学家决定利用这个难得的机会，让它们成为人类派出的“信使”，向潜在的外星文明传递关于地球和人类的信息。为了完成这项任务，这两艘探测器都搭载了名为“地球之音”的特制金唱片，以及相应的读取设备。

在这张珍贵的金唱片上，存储了当时的联合国秘书长库尔特·瓦尔德海姆和

○ 每个天体都有或大或小的引力

美国总统吉米·卡特发给地外文明的祝词、115幅反映地球万物的图片、世界各地的55种语言对地外文明的问候语，以及27首世界各国的名曲。在收入金唱片的115幅图片中，除了地球空气成分比例、海陆面积比例、数学概念这一类基础知识，大部分图片反映的是世界各地的自然环境、建筑，以及不同民族的科技成就和生活方式，如口径305米的阿雷西博射电望远镜、中国的长城、中国人的家宴、西班牙人的海边烤鱼，以及印度城市里的交通堵塞等。

灌入金唱片的27首乐曲也可以用“包罗万象”来形容。在这张唱片里，收录了欧洲古典音乐，美国黑人传统的蓝调，也有中国古琴演奏的《高山流水》。这些乐曲大体反映了人类音乐的发展史，以及世界各地的人们创造的丰富多彩的文化。

如今，这两艘探测器都已经离开了太阳风的影响范围，进入星际空间。但即使它们想抵达最近的恒星，恐怕也需要数万年。这段漫长的旅程可以让我们直观地体会到宇宙的广袤无垠。

其实，在“旅行者一号”飞出海王星轨道的时候，就已经为全人类留下了一份值得深思的独特礼物。1990年2月14日，美国宇航局向64亿千米外的“旅行者一号”发出一道特别指令，使它能回望曾经探访过的太阳系，并拍下作为太阳系“全家福”的照片素材。在其中一张照片上，显示地球是一个只有0.12像素的暗淡蓝点悬浮在阳光之中。这张照片展现的内容，使提议拍摄计划的美国天文学家、科幻作家卡尔·萨根深受

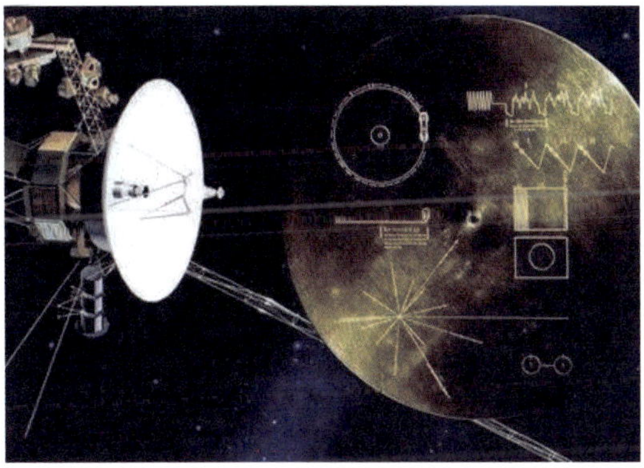

○ “旅行者二号”搭载金唱片向宇宙传达地球的声音

震撼。在庞大的、包容一切的暗黑宇宙中，我们居住的行星只是一个孤独的斑点。这颗格外渺小的“悬浮在阳光中的微尘”是人类的起源之地，也是迄今为止人类拥有的唯一家园。

未来，人类对太阳系的探索仍将继续，甚至还会飞出太阳系到无边无际的宇宙中遨游，那里会有更多既有趣又神秘的星球等着大家去发现。大家准备好了吗？

○ 太空探索仍在继续

互动问答

太阳系八大行星各自的显著特征是什么？

水星——公转轨道不是椭圆形而是菊花形。

金星——会在5个位置改变运行方向，这5个点连起来就是五角星。

地球——目前发现的唯一能孕育生命的星球。

火星——表面有丰富的氧化铁，导致火星看起来像火焰一样红。

木星——八大行星里最大的行星。

土星——自带光环的行星。

天王星——躺着自转的行星。

海王星——到目前为止，太阳系八大行星中人类了解最少的行星。

田如森：

研究员，全国航天科普首席传播专家，中国宇航学会顾问，《太空探索》杂志社原社长、主编，国杰研究院航空航天咨询研究部副主任，太空美术家，资深航天科普作家，神舟十号太空授课专家

空间站是航天员在太空的“家”

田如森：空间站——人类的太空家园

扫一扫，看专家讲座视频

宇宙飞船和航天飞机帮人类实现了飞向太空的梦想。为了让航天员在广袤无垠的太空里暂时安顿下来，人们对太空的独特环境进行了一系列科学研究，开发出了空间站。如今，中国也加入了建设空间站的行列，令神话中的“天宫”梦想成真。

搬到宇宙中的实验室

空间站这种可以供人类在太空中生活的独特航天器，自诞生以来，已经走过了四代。它的源头可以追溯到苏联的“礼炮”系列空间站，该系列共建造了7座。除了苏联，美国也建造了“天空实验室”空间站。此后，苏联又建造了模块化组合的“和平号”空间站，它的后继者就是规模更大的国际空间站。中国在掌握了载人航天技术之后，也着手建造了自己的“天宫一号”“天宫二号”，以及目前正在建造的天宫空间站。

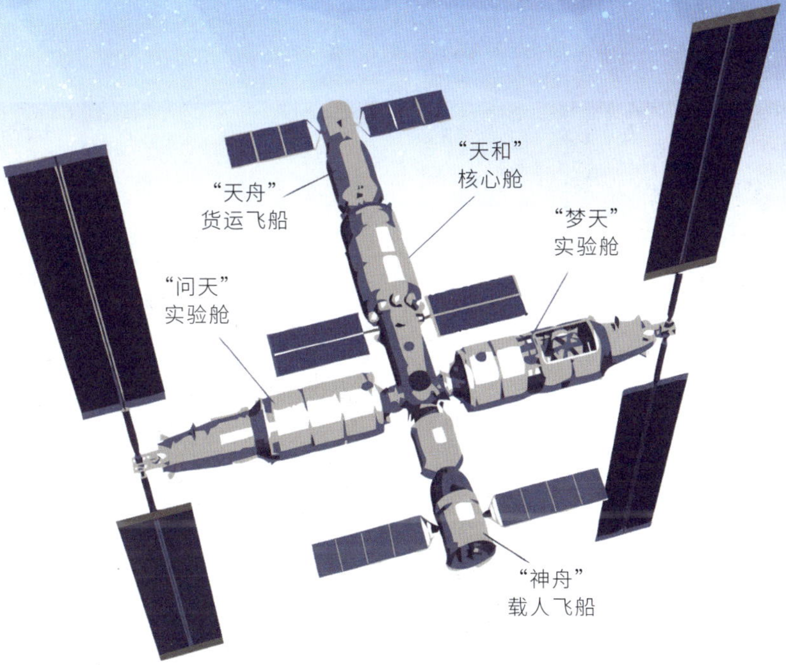

○ 天宫空间站主体结构示意图

名师讲堂：

走过四代的空间站

人们根据空间站接待宇宙飞船和其他航天器的对接能力，将空间站分为四代。第一代空间站的特征是单模块、单接口，一般无法补给燃料，因此服役寿命有限，人类只能短时间居住。苏联的"礼炮 1 号"到"礼炮 5 号"空间站，美国的"天空实验室"空间站，以及中国的"天宫一号""天宫二号"空间站，都属于这一类。第二代空间站增加了一个对接口，可以同时接待两艘宇宙飞船，其代表是苏联的"礼炮 6 号""礼炮 7 号"空间站。

然而，单模块的空间站受制于火箭的运载能力，不能造得太大，否则功能会受到限制。因此，苏联的"和平号"空间站采用了多模块的积木式结构，通过多次航天发射陆续升空，在太空中对接拼合成完整的空间站。中国的"天宫"空间站也采用这样的设计思路，属于第三代空间站。第四代空间站的唯一代表是国际空间站，它采用桁（héng）架与积木式的混合结构，但因为结构过于复杂，太阳能电池板的效率也受到影响，因此暂时没有其他空间站采用这样的结构。

○ 空间站距离地球并不遥远

空间站如同飘浮在太空、环绕地球旋转的“房子”。它们距离地球其实并不太远，只有 400 千米左右。虽然这里的大气已经变得极为稀薄，但还没有完全离开地球大气层。相比之下，我们在夜晚看到的绝大多数星星与地球的距离就远得难以想象。事实上，自从人类进入航天时代以来，大部分航天活动都发生在地球附近。这也正是为什么中国航天之父钱学森主张用“航宇”来描述针对月球和更远天体的深空探测，而用“航天”来特指地球附近的航天活动。

在太空中，很多在地球上习以为常的事物会因为失重而变得完全不同。比如，离开密封袋的水因失重而受到表面张力的作用，会变成一个飘浮着的水球，因此航天员要用吸管饮水。此外，在用

○ 失重状态下的航天员手绘图

餐时，航天员也必须一口吞掉自己的食物，否则食物残渣就会在空间站里飘荡，难以清理。但失重环境也有利于一些特定的科学研究和工业制造项目，比如，某些合金材料在失重条件下冶炼，可以得到极为出色的性能。虽然在地球上也能模拟失重环境，但持续时间非常短暂。所以，如果人类能在太空中建立生产线，就可以大量制造这种对环境有特殊需求的材料。

除了失重环境，宇宙射线也是一种太空特有的环境因素。航天员需要避免宇宙射线的侵袭，以防产生畸变；但宇宙射线却有助于植物的遗传基因发生变异，使农业育种人员得到更多可供筛选的素材。在日常生活中，我们会不时在市场上看到被冠以“太空”之名的蔬菜，它们有可能比普通的蔬菜更大或者口感更好，这都要归功于太空环境使种子产生的变异。

“三步走”发展空间站

如果将2003年杨利伟乘坐“神舟五号”宇宙飞船飞向太空看作中国发展空间站事业的第一步，那么第二步便是“神舟七号”的出舱任务，或者说“太空行走”。相比于普通的航天飞行，让航天员离开宇宙飞船的保护实现太空行

○ 中国“天宫”空间站组合体效果图

走，需要更为复杂的技术。舱外航天服如同穿在身上的简易宇宙飞船，可以让航天员在严酷的太空环境中生存下来，并为将来建设空间站所需的“太空行走”做好准备。

在拥有这项能力之后，中国走出了第三步，那就是发射“天宫一号”“天宫二号”两个“目标飞行器”，来验证建设空间站所需的种种技术，如货运飞船为空间站提供补给的能力。而后，中国开始建造自己的空间站——虽小于国际空间站，但却拥有同样强大功能的“天宫”空间站。

为了发射巨大而沉重的空间站模块，中国在海南省建造了文昌发射基地。一方面，海南省位于热带，火箭可以利用地球自转的线速度，用更少的燃料将沉重的物体送到指定轨道；另一方面，位于内陆的发射基地必须通过铁路运输准备发射的火箭，但火箭的直径会受铁路运输限界的限制，即不能超过 3.35 米，而文昌发射基地可以通过海运抵达，很好地解决了这一难题。

名师讲堂：

铁路限界

为了确保火车在铁路上安全运行，防止它撞击邻近线路的建筑物和设备，铁路部门会为火车和接近线路的建筑物、设备设定一条绝对不允许超越的轮廓尺寸线，称为“铁路限界”。即使铁路部门需要运输一些特殊尺寸的“超限货物”，如火箭，也要确保火车经过的所有线路和车站处于铁路限界的安全范围之内。

在文昌发射基地，昵称“胖五”的“长征五号”火箭发射了中国“天宫”空间站的“天和”核心舱，它是整个空间站的起点。核心舱中的节点舱可以容纳“神舟”飞船与其对接，并且为航天员出舱“太空行走”留有出入口。核心舱尾部的另一个接驳位置则是与“天舟”货运飞船对接的对接口。“天舟”是为空间站运送补给物资和燃料的无人飞船，其使用新锐的“长征七号”火箭进行发送。“天舟”从文昌发射基地出发，将补给品送上空间站，以使航天员能够维持正常生活。

到目前为止，位于中国西北地区的酒泉发射基地是中国唯一的载人航天发射基地，航天发射经验十分丰富。而且基地周围人烟稀少，即使飞船发生意外，也有助于对航天员实施救援。为了保证航天员的安全，发射“神舟”宇宙飞船的火箭需要非常可靠，这意味着必须要使用成熟的技术。然而，技术成熟的“长征二号 F”火箭使用的燃料是有剧毒的偏二甲肼，这也决定了我们必须让燃尽的火箭坠落到陆地上，以便进行回收。残存的剧毒燃料如果落入大海，就会带来严重的环境问题。

而“长征七号”使用煤油作为燃料，助燃剂是液氧，燃烧之后只生成水和二氧化碳，就比“长征二号 F”的燃料清洁得多。未来，中国可能会用“长征七号”的某一种改型来发射载人宇宙飞船。另一些容量更大的飞船，则会由更为强大的火箭来发射。

如果你仔细看过关于中国空间站计划的新闻，或许会注意到一个细节：在“神舟十二号”前往“天和”核心舱之前，我们首先发射了“天舟二号”货运飞船。它通过核心舱尾部的对接口与“天和”核心舱相连，使随后到达的航天员能够将补给品送进空间站。而后，清空的货运飞船会成为空间站的“垃圾桶”，一段时间基本装满后，再带着废弃物离开空间站，以陡峭的角度穿过地球大气层，并利用摩擦产生的高温焚化

○ “长征七号”火箭

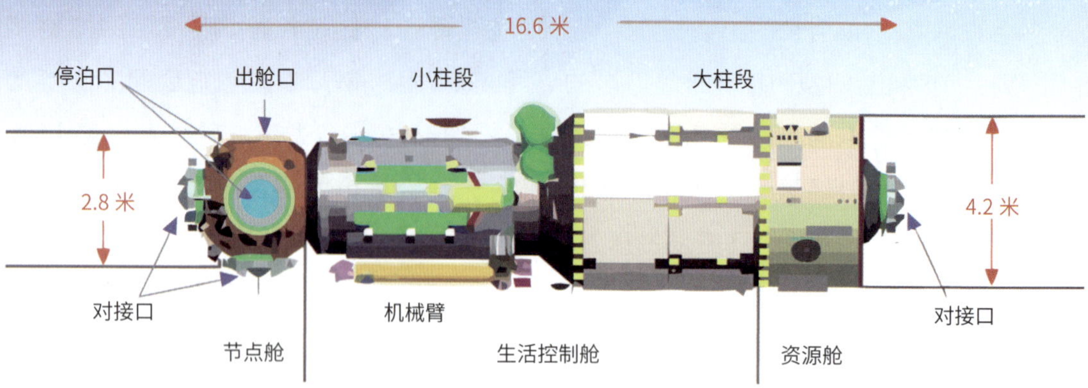

○“天和”核心舱结构图

废弃物。

在离开“天宫”空间站之前，“天舟二号”完成了两项重要的实验，分别是从后面的对接口绕到前面的对接口，并与空间站一起飞行一段时间；而后，在空间站机械臂的协助下，“天舟二号”再从空间站正前方的对接口转向 90°，与水平方向的停泊口接驳起来。

事实上，后面的这项实验模拟的就是空间站接下来的建造过程。当“问天”“梦天”这两个实验舱发射升空的时候，它们都会先在空间站的轴向位置或者说正前方位置飞行一段时间，再在转向之后“安装”到空间站上，并且永久固定在那里。“天宫”空间站完全建成之后，在没有任何宇宙飞船造访的时候，会呈现出“丁”字形的外表。

在“天舟二号”离开空间站之前，“神舟十二号”宇宙飞船已经返回地球，而“天舟三号”“神舟十三号”相继与“天和”核心舱对接。因此，在 2021 年秋天，“天和”核心舱进入了发射升空以来最为繁忙的时刻，它的尾部连接着“天舟三号”，节点舱的前方是“天舟二号”，下方则是“神舟十三号”。3 名航天员就在这个组合体的各处穿梭，完成预定的各项任务。

空间站里的艰辛生活

航天是直面危险、探索未知的事业，每一项进步都离不开前人的付出与牺牲，载人航天更是如此。中国在发射“神舟五号”之前，曾经发射了 4 艘无人飞船进行各种实验与测试，但搭乘“神舟五号”飞向太空的杨利伟，仍然面临着生死考验。杨利伟在进入太空后进行了短暂的停留，在完成各项预定的任务后顺利返回地面。得益于他的航天飞行经验，科研人员和工程技术团队改进了“神舟”系列飞船，并使接下来的载人航天任务能够稳步进行。

载人航天任务进入空间站阶段，对于中国来说是一个新的领域。因此，在“天宫一号”目标飞行器发射之后，中国又发射了一艘无人实验飞船——“神舟八号”。它的实验成果成为中国掌握空间站技术，以及建设“天宫”空间站等载人航天任务的基础。

相比于宇宙飞船，空间站为航天员提供了相对宽敞的居住空间，但仍然远远算不上舒适。除了极为珍贵的有限空间，失重的影响也无处不在。

我们通过女航天员王亚平的太空课程，领略了太空中失重环境演绎的独特物理现象。航天员在空间站里生活和工作的时候，时刻受到失重的影响，他们需要主动适应这样的环境，以免给自己和同伴及空间站带来危险。

尽管失重的环境给空间站里的生活带来了很多不便，但中国的航天技术人员仍然在保证安全的前提下，为航天员提供舒适的生活体验与精神上的慰藉。比如，“神舟十二号”的 3 名航天员需要在太空中度过中秋节，“神舟十三号”的 3 名航天员需要在太空中度过春节。因此，被货运飞船携带飞上太空的补给品就包括月饼和饺子。它们都被制作成可以一口食用的尺寸，装在特殊的密封容器里，以便在节日到来时启封食用。

名师讲堂：

禁止赤脚

如果仔细观看在空间站里拍摄的航天员的照片，你会发现他们总是穿着袜子。他们为什么不能光着脚呢？因为人在地球上生活的时候，需要双脚来支撑身体和行走，因此脚上积累了大量“死皮”来保护双脚。但在太空中，失重环境使人类不再需要这一层“死皮”，而人体的新陈代谢仍然在不断进行。因此，脚上的旧皮肤会不断脱落，脱落的“死皮”不仅有可能威胁到空间站里的设备，也可能给自己和同伴带来卫生方面的困扰。因此，为了保证安全和防止尴尬，航天员在空间站里是禁止赤脚的。

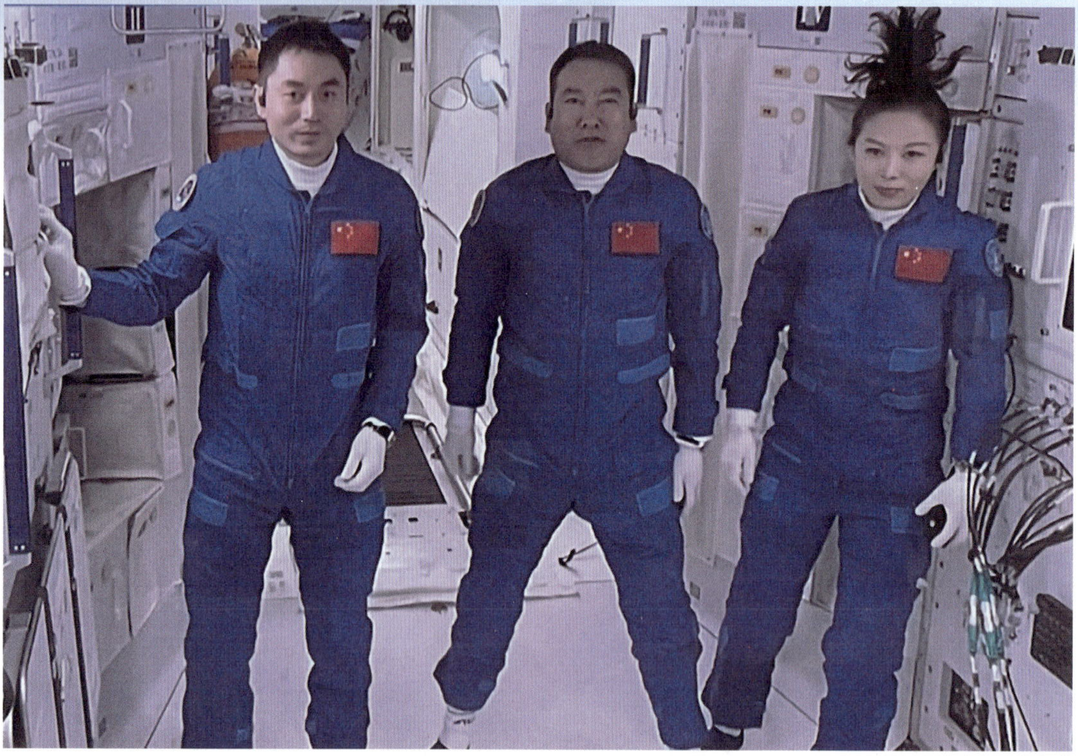

○ “神舟十三号”3名航天员的珍贵影像

相比于做成牙膏状，需要挤进嘴里才能食用的早期太空食品，现代的太空食品已经尽可能将地面上的美食，如一些中国式的菜肴“移植”到太空。在保证航天员营养摄入的同时，也给他们带来了更好的就餐体验。当然，为了确保食物在失重条件下不会轻易飘走，那些通过菜肴“移植”而来的航天食品，会被做得有一些黏性，以便用筷子夹起来。

另外，几十年前的一些航天食品在改良之后，已经走入了普通人的生活。比如，在方便面里大多会有脱水蔬菜包；在一些不容易吃到新鲜蔬果的地方，人们会使用固体饮料加水冲泡的方式来替代。这些技术其实最早都是用于制备太空食品的，因为将新鲜蔬果带入太空食用，直到现在都不容易实现。

在太空失重环境下，不仅就餐体验和地面上完全不同，用水也有很多门道。居住在现代城市里的人大多已经习惯了打开水龙头就有自来水，甚至打开直饮水设备就有饮用水的生活。但在空间站里，水是需要循环使用的，因为从地面上补给水非常不易，所以空间站会使用一系列技术将水尽可能地收集起来，待净化之后进行储存，以便接下来继续使用。

名师讲堂：

筷子的优势

筷子的故乡在中国，筷子是东亚文化圈常用的餐具，并因为这种就餐习惯形成了“筷子文化圈”。但这个文化圈之外的人，很少会在幼时接受使用筷子用餐的训练，因此成年之后学习使用筷子便成为一项艰难的挑战。这是因为用筷子夹起食物的动作需要克服食物本身的重力，这需要手指一直通过筷子向食物发力，不如餐叉和勺子便捷。

但到了太空，由于失重环境，使用筷子就会容易一些，而且更有利于顺畅就餐。没有重力的影响，即使刚刚学会用筷子的人，也可以轻松地夹住食物；而用勺子盛装的食物，反而有可能失控飘走。对于将来打算造访中国“天宫”空间站的欧洲航天员而言，这或许是一个好消息。

在失重条件下，水会受到表面张力和毛细作用的影响。因此，除了饮水不易，还会出现其他一些有趣的现象。比如，在太空中仍然可以用水弄湿毛巾，但却无法用拧毛巾的方法将毛巾弄干，因为水会在表面张力的作用下包裹在毛巾周围，使航天员得到一副“水膜手套”。再如，如果人在太空中流泪，那么泪滴也会留在眼睛旁边，成为一个随时可能刺激眼睛的大水球。最后，由于失重且水资源极为有限，因此在太空中也不能像在地球上一样洗澡，只能用湿毛巾擦拭身体。

不过，由于毛细作用的存在，中国传统的毛笔在太空中仍然可以使用。所以，当春节到来时，在太空中的航天员就可以使用毛笔写春联来迎接新年了。

在太空中，航天员必须睡在睡袋里。人在睡着之后，神经会放松对身体的控制，使四肢的肌肉松弛下来。在地球上，因为有重力的限制，这种松弛并不会让人有特别的感觉。但在失重条件下，航天员有可能一觉醒来，发现一双手不受控制地飘浮在自己面前，一段时间之后，才会反应过来那是自己的双手。为了避免这种无谓的惊吓，且避免在失重条件下睡着之后发生其他意外，因此，在休息之前，航天员必须要用睡袋将自己固定住，并将手臂插进睡袋里。

名师讲堂：

锻炼对抗“航天病”

在美国电影《地心引力》的结尾，女航天员瑞安博士历尽艰辛回到地球，却发现自己爬上沙滩之后无力起身。等到她拼尽全力站起来时，双脚有些不听使唤，她只能用“内八字”的姿势慢慢挪动，好像刚刚学会走路的婴儿。

这些镜头并非出自电影人的想象。由于失重，人几乎不需要肌肉和骨骼来为身体提供支撑，这会让肌肉逐渐萎缩，也会让骨头变得脆弱，甚至使航天员在一段时间后丧失行走的能力。因此，现在的空间站里都安放了健身器材，航天员每天也有一些锻炼计划，以免让肌肉和骨头因为失重“闲下来”。虽然体育锻炼不能完全消除失重对身体的影响，但至少可以让航天员回到地球之后，能用自己的力量勉强站起来，后面调养身体所需要的时间也会缩短。

在国际空间站里，一些热爱运动的航天员还会通过空间站里的健身器材，配上视频连线，远程“参加”地球上的体育比赛。

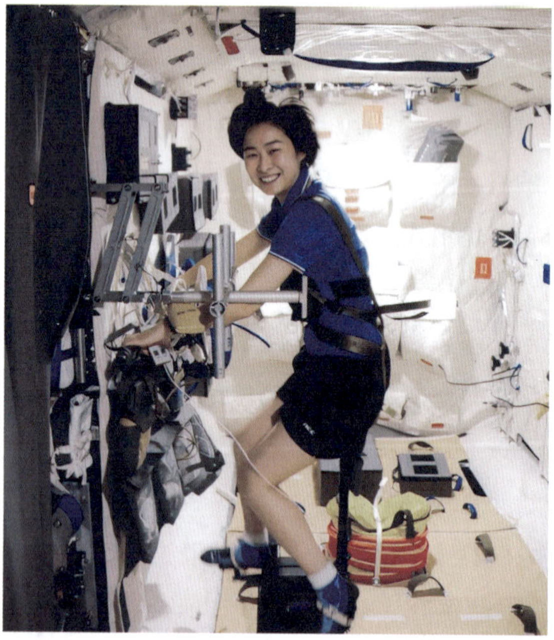

○ 女航天员刘洋正在健身

○ 中国未来空间站飞行示意图

此外，失重还会让理发变得困难。在“神舟十三号”上，女航天员王亚平担任另外两名航天员的理发师。她使用一个混合了推发器和吸尘器的特殊工具，以便在理发的同时将碎头发吸走。尽管如此，当她在为其中一位航天员理发时，另一位航天员也要在旁边担任助手，使用类似吸尘器的工具，及时将飘起的碎发收集起来。

在人类能够像科幻电影里那样建造出可以模拟地球重力的巨型空间站之前，空间站里的生活始终会充满不便与艰辛。正因为如此，飞向太空的航天员才值得尊敬，因为他们每一次出发，都是在冒着生命危险为全人类探索新的边界。

○ 未来空间站 3D 插图

互动问答

下列哪些行为航天员在空间站里可以做，哪些不能做？

1. 用毛笔写字——能
2. 进行体育锻炼——能
3. 站着睡觉——能
4. 用勺子吃饭——不能
5. 用筷子吃饭——能
6. 用杯子喝水——不能
7. 种菜——能
8. 洗澡——不能，可以用湿毛巾擦拭身体
9. 使用托盘天平——不能
10. 使用水银温度计——能

莫雳：

博士，北京理工大学宇航学院副研究员

○ “八一飞行表演队”的歼-10战斗机编队在2018年珠海航展上的飞行表演（摄影 / 莫雳）

莫雳：人类终圆飞行梦

扫一扫，看专家讲座视频

飞机的诞生是20世纪重要的技术成就之一。自从美国莱特兄弟发明飞机以来，世界各国的工程技术人员仍在殚精竭虑，为打造性能更为卓越的飞机努力着。

人类的飞行梦

自古以来，人类就对飞行充满了渴望。在中国，古人留下了《嫦娥奔月》的神话故事；敦煌壁画里雕刻着《飞天》画作中的仙女形象；古典文学名著《西游记》里，孙悟空拥有“一个筋斗云十万八千里”的本领。而在欧洲，希腊神话里有背后长着翅膀的小爱神丘比特。

但仅有梦想还不行，只有真正掌握了飞行技术，人类才能脱离地面的束缚，在三维空间中飞行。

实现飞行需要做到两点：第一，飞行器需产生升力、克服重力；第二，飞行器需稳定可控。对于第一点，可以采

○ 中国北魏时期的敦煌壁画《飞天》

用3种方法来实现：运用浮力、反作用力，以及气动原理来产生升力、克服重力。

人类最早的飞行工具是依靠浮力来实现飞行的。热气球通过加热空气获得浮力（空气加热后密度变小）。氢气球通过密度小于空气的氢气产生浮力飞上天空。但这类飞行器的问题也很明显，即升空以后只能随风飘行，无法控制飞行方向。后来，人们为氢气球装上发动机，使它成为可以控制飞行方向的飞艇。

飞艇是人类拥有的第一种能够承担运输任务的飞行器。由于空气本身的密度并不算大，因此为了拥有足够大的浮力，飞艇的气囊体积往往非常庞大。所以，在强风天气里，飞艇会变得很难控制，升空和安全着陆都会成为艰难的挑战。虽然飞艇有“自带浮力”的优势，且留空时间长，节省能源，可以悬浮，有助于运输一些笨重的货物，但它的局限性，使它在经历了短暂的辉煌之后，便退出了航空器的主流。

有一句玩笑话叫作“力大砖飞”。意思是只要推力足够大，就是一块砖头也能飞起来。在一定程度上，这句话不是完全没有道理的。火箭发动机利用反

○ 飞艇是人类拥有的第一种可以控制飞行方向的航空器，本图为拍摄于慕尼黑德意志博物馆的齐柏林飞艇模型（摄影 / 莫雳）

作用力推动飞行器飞行。火箭推进剂被点燃之后，会在狭小的空间里形成剧烈膨胀的燃气，燃气从喷管里向下高速喷出，从而产生向上的反作用力推动火箭升空。火箭推进剂由两部分组成：燃料（还原剂）和助燃剂（氧化剂）。汽车和飞机携带的燃料通常是汽油、柴油和煤油等，需要与空气中的氧气燃烧，才能释放化学能。一旦海拔高度过高，氧气不足，发动机就无法工作。但火箭发动机由于自带氧化剂，因此不仅能在大气层内飞行，还能在接近真空的宇宙中飞行，使其成为航天发射和深空探测的关键动力。

不过，火箭的飞行效率不高。首先，因为无法利用空气中的氧气，要自己携带沉重的氧化剂，因此火箭推进剂的消耗速度惊人。以液氧煤油火箭发动机为例，液氧和煤油的重量比例大概是 2.7 ：1，即为了配合 1 千克的煤油燃烧，需要携带 2.7 千克的液氧。液氧液氢发动机的这一比例更是达到 6 ：1。可见，氧化剂在火箭推进剂重量中占比较大。因此，如果能从空气中获取氧气，

○ 液体火箭发动机的基本构造（绘图 / 莫雳）

并把氧化剂的重量换成燃料，那么射程就会提高好几倍。

其次，火箭需要直接依靠推力克服重力起飞，无法像飞机那样利用气动升力，因此火箭起飞所需的推力比同等质量的飞机要大 3 ～ 5 倍。再加上机械能转换效率等多种因素，最终导致火箭的飞行效率比飞机的飞行效率低很多。举个例子，像 A380 那样的巨型宽体客机，每秒大约消耗 15 千克燃料；但一枚同样质量的火箭，每秒消耗的燃料高达 2.5 吨。所以，火箭是一种更适合太空探索的交通工具。如果不需要进入太空，只是在大气层内飞行，那么选择飞机这种飞行工具更为经济。

名师讲堂：

卡门线

卡门线位于海平面以上 100 千米的地方，是地球大气层与外太空的分界线，或者说是“航空”与“航天”的分界线。1957 年，从匈牙利移民到美国的航天工程师西奥多·冯·卡门发现，地球的大气层在海平面以上 100 千米处会变得非常稀薄，不再适合飞机飞行，只有火箭才能突破这条界线。为了纪念他的发现，这条界线就被命名为“卡门线”。

事实上，卡门线仍然位于地球大气层之内，甚至在远比卡门线更高的地方，如海平面之上 400 千米左右（相当于空间站绕地球运行的轨道），航天器仍然会受到轻微的空气阻力。

产生气动升力的几种方式

飞机的飞行原理是通过升力面（如机翼）配合前飞速度（产生相对来流）来产生气动升力的。中国古人发明的风筝，就是利用气动升力的一个典型例子。当人拽着风筝奔跑时，风筝就会与空气发生相对运动，产生的升力会将风筝带上天空。或者当风大时，风筝相对于气流有运动，也能产生升力克服重力。至于气动升力无可避免的副产物——气动阻力，风筝是依靠风筝线来克服的，飞机则是依靠发动机的推力来克服的。

飞机的机翼和风筝产生升力的原理几乎相同。基本来说，都是将迎面来的气流向下偏转从而产生反作用的气动升力。我们把飞行器轴线相对于气流的夹角称为攻角，这是按需改变气动升力的关键。如果升力面的上下是对称的（或者说是一个平板），那么通过形成正的攻角，就能产生向上的气动升力。在一定范围内，攻角越大，向上的气动升力也越大。

需要指出的是，与其说是“空气托起了机翼”，不如说是“空气吸起了机

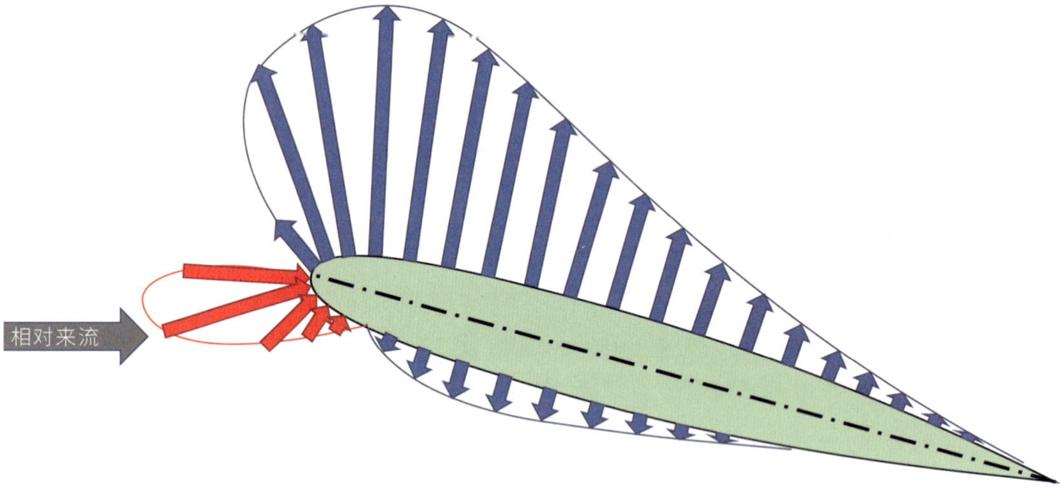

○ 风筝与飞机的升空原理及受力分析（绘图 / 莫雳）

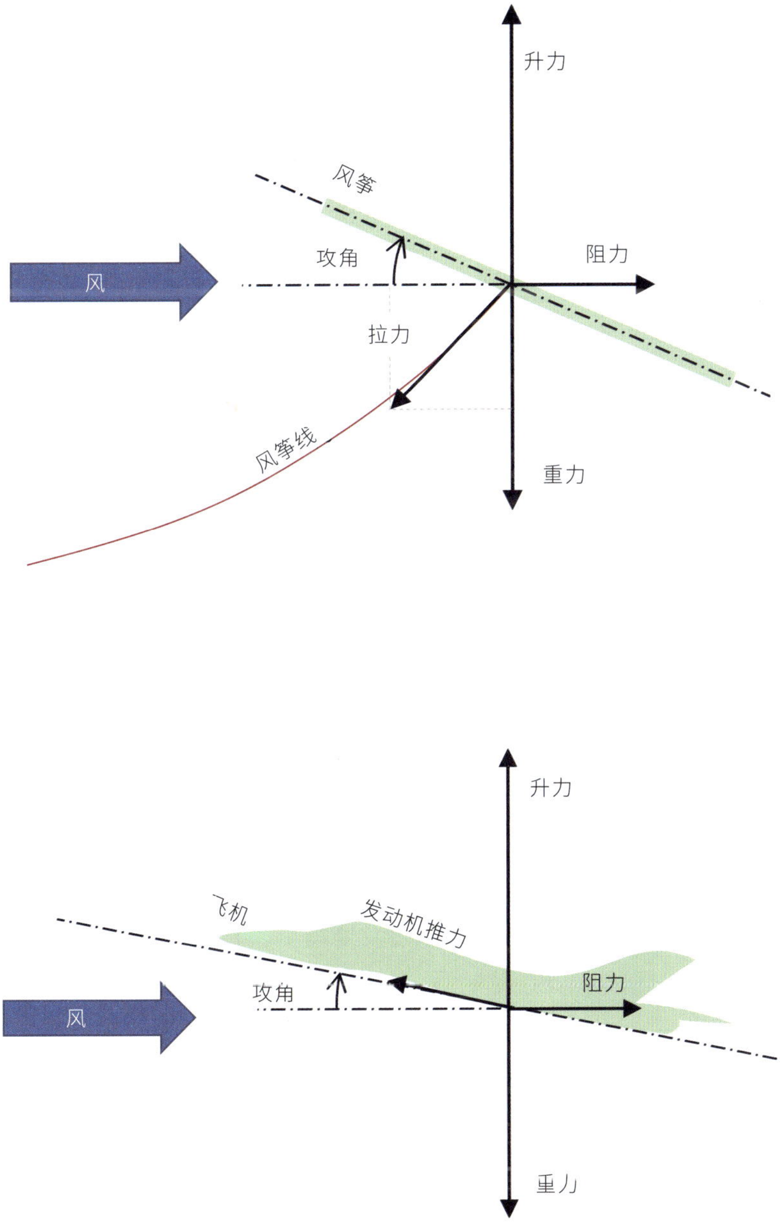

○ 风筝与飞机的升空原理及受力分析（绘图 / 莫雳）

翼”，因为在亚声速（低于声音传播速度）飞行时，通过分析机翼上下的压力分布可以看到，机翼下表面几乎不受向上的托举压力，就算有一点，也远远不如上表面向上的吸力更强大。这股强劲的吸力来自上表面高速的气体流动，力量之大，被飞机设计师们形象地称为“吸力峰”。

而想要获得更大的升力，并非攻角越大越好。因为随着攻角的增加，机翼上会有一部分气流开始逐渐变得不稳定，它们与机翼分离开来，不再沿着机翼表面流动，而是会形成一些混乱的低能量旋涡，这样就破坏了机翼上表面的吸力，导致飞机“失速”。所以，为了获得稳定的升力，飞机设计师们会将可用攻角的幅度限制在一定范围内。

要想进一步提高升力，可以改变对称的升力面。如果仔细观察机翼的截面（翼型），就会发现绝大多数机翼其实并不是上下对称的，而是有一定弧度的（工程师称为翼型的弯度），这就使得气流偏转得更加平顺，避免了气流过早分离，从而能够产生更大的升力。

除了这种经典的产生升力的方式，第二种方式是利用旋涡，这在高速飞机

○“枭龙”战斗机在大攻角时，边条翼产生的旋涡作用在机翼上表面，可以提高升力，避免失速（摄影/莫雳）

○ 歼 -20 战斗机在大攻角时，鸭翼和机翼上表面的旋涡可以提高升力，避免失速。照片拍摄于 2018 年珠海航展（摄影 / 莫雳）

上更常见。因为高速飞机的机翼通常较小，在低速飞行时其升力特性就不好，容易产生气流分离，从而导致失速。因此，现代战斗机通常采用鸭式布局、边条翼等气动措施，在攻角较大时产生旋涡。这种作用在机翼上表面的“龙卷风”能够扫除低能量气流，依靠强劲的吸力为机翼提供额外的涡升力，避免飞机失速，增强飞机的亚声速机动性能。我国的歼-10、歼-20战斗机采用的就是鸭式布局，在主机翼前面安装一对小翼。鸭翼和主翼都会产生旋涡，它们相互增强，使飞机获得更大的涡升力。

地面效应飞行器是一种“另类”的设计，因为它的思路不是减少机翼上表面的压强，而是增大机翼下表面的压强。当飞机低空飞行，接近地面（或海面）时，被机翼压向下方的空气会因为地面的阻挡在机翼的下表面产生一个高压区域，从而把飞机“托起来”，这种现象被称作“地面效应”。根据这项原理，人们研制出了多种地面效应飞行器。这种混合了船和飞机特点的飞行器，不但拥有接近飞机的速度，而且因为贴地（或掠海）飞行不易被防空雷达探测到，理论上也能获得较大的载重能力。

○ 飞机接近地面时会有地面效应

○ 苏联“雌鹞”地面效应飞行器（左二）携带 3 具双联装重型反舰导弹发射器，与 033 型常规动力潜艇、F-35 战斗机和 RC-135 侦察机（基于波音 707 客机改装）的尺寸比较，可见其体型巨大。本图为 1 ： 700 模型拍摄（摄影 / 莫雳）

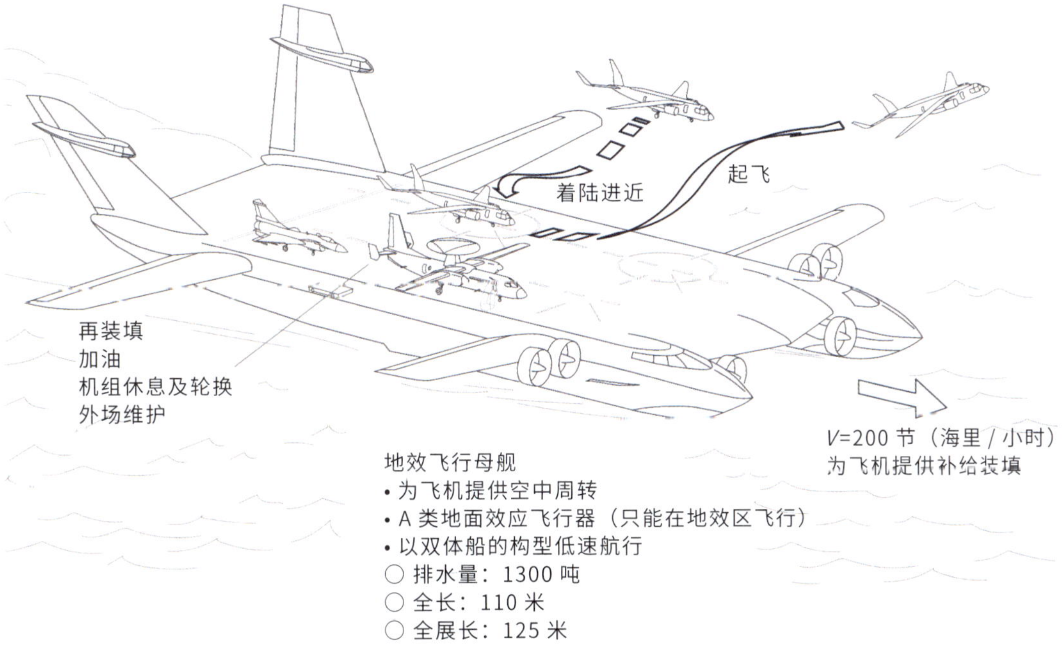

○ 一种用于搭载飞机的千吨级大型地面效应飞行器方案（绘图 / 莫雳）

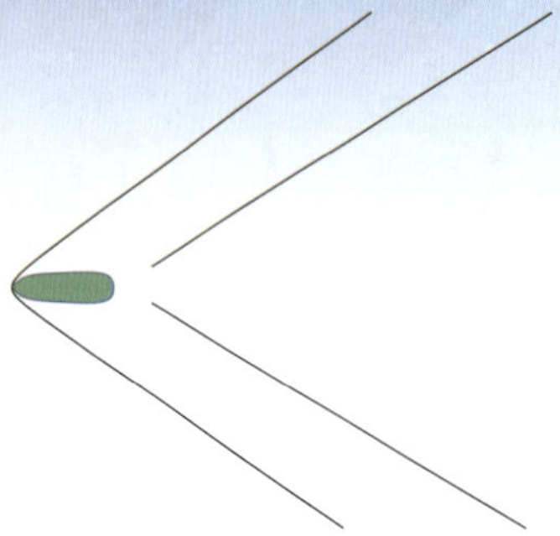

○ 子弹在超声速飞行时产生的激波。通过纹影仪能够观察到（绘图 / 莫雳）

苏联曾进行了大量研究，并制造出了当时人类最大的飞行器“里海怪物”，以及携带重型反舰导弹的“雌鹞”等多种地面效应飞行器。未来，随着科技的进步和运用需求的提升，或许会诞生超大型的地面效应飞行器。

随着飞行速度超过声速，利用激波升力的乘波体飞行器更是有着独特的获

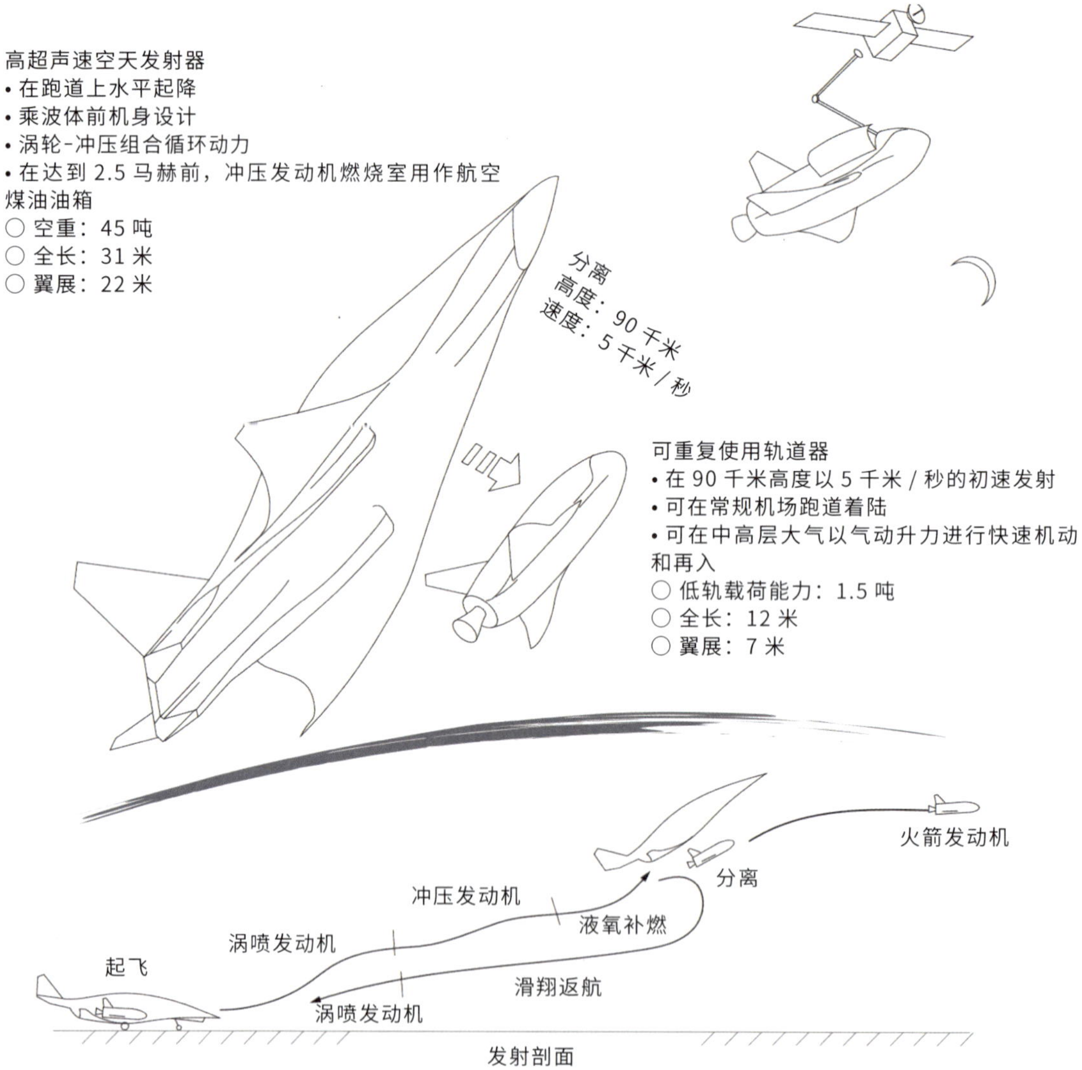

○ 用于航天发射的一种可重复高超声速飞行器方案（绘图 / 莫雳）

○ 高超声速飞行器在下表面产生激波，形成高压区，提高升力。本图为设计状态 4 马赫的乘波体在非设计点大攻角时的压力分布情况（制图 / 莫雳）

得升力的思路，那就是让飞行器利用飞行中的激波，像打水漂一样高速飞行。如果你在动物园里仔细观察过鸭子和鹅，会发现它们在游水的时候，水会向两侧散开，让它们看上去像“破开了水”。而对于超声速飞行的物体，如步枪子弹来说，当它们前进的时候，前面的空气会“来不及散开”，从而堆叠在物体前方，形成一道道致密的“波纹”，这些“波纹”被称为“激波”。

激波后面的气流速度减慢，静压增大。因此，如果将“子弹”改成上下不对称的结构，下表面的激波比上表面的更强，那么下表面就可以利用激波提供一部分升力。根据同样的思路，人们可以制造出利用激波的乘波体飞行器，在空气稀薄的高空实现数倍于声速的高超声速飞行。

形形色色的机翼

为了配合不同的飞行速度及任务要求，飞机的机翼外形差别很大。早期的飞机动力弱，飞行速度慢。为了适应这种动力，需要飞机具有两大特点：机翼面积大、结构重量轻。因此，当时的飞机广泛采用了双翼布局，以能够在有限的翼展内，尽量增加机翼面积。同时，

○ 20 世纪 30 年代的经典机型“虎蛾”。拍摄于英国 Duxford 航空博物馆（摄影 / 莫雳）

机翼之间的张线虽然带来了较大的飞行阻力，但可以轻巧地提供足够的结构强度。

随着飞行速度的加快，双翼演变成阻力更小的单翼。喷气时代到来后，飞行速度接近声速。空气的压缩性效应进一步凸显，激波阻力成为阻碍飞机速度进一步提升的关键。在这种情况下，诞生了后掠翼。

○ 活塞时代的 Me-109 和喷气时代早期的 Me-262。拍摄于 2012 年柏林航展（摄影 / 莫雳）

○ 荷兰空军 F-35A 战斗机在高亚声速飞行时的激波云（摄影 / 莫雳）

到了 2 倍声速的时代，三角翼具有更好的超声速升阻比，结构重量也更轻巧，成为超声速飞机的主流机翼外形。

此外，根据飞机主升力面（机翼）和俯仰操纵面（鸭翼或水平尾翼）的不同关系，可以构成多种不同的飞机布局形式。这些布局无所谓优劣，各有特点。飞机设计师会根据不同的使用需求和技术基础，优先满足该任务条件下能够实现的最佳方案。

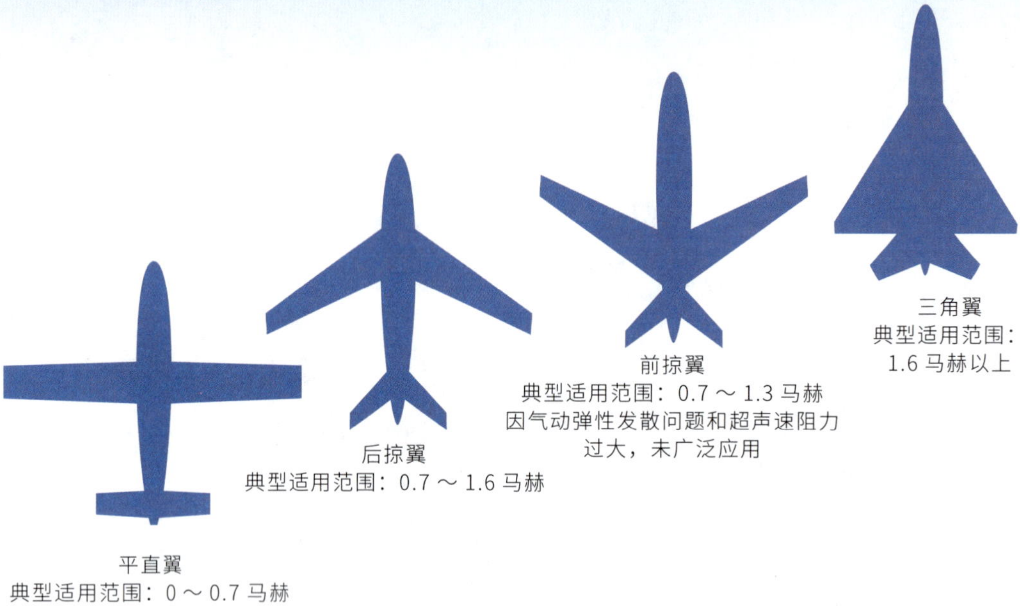

○ 不同的机翼平面形状，适用于不同的飞行速度范围（绘图 / 莫雳）

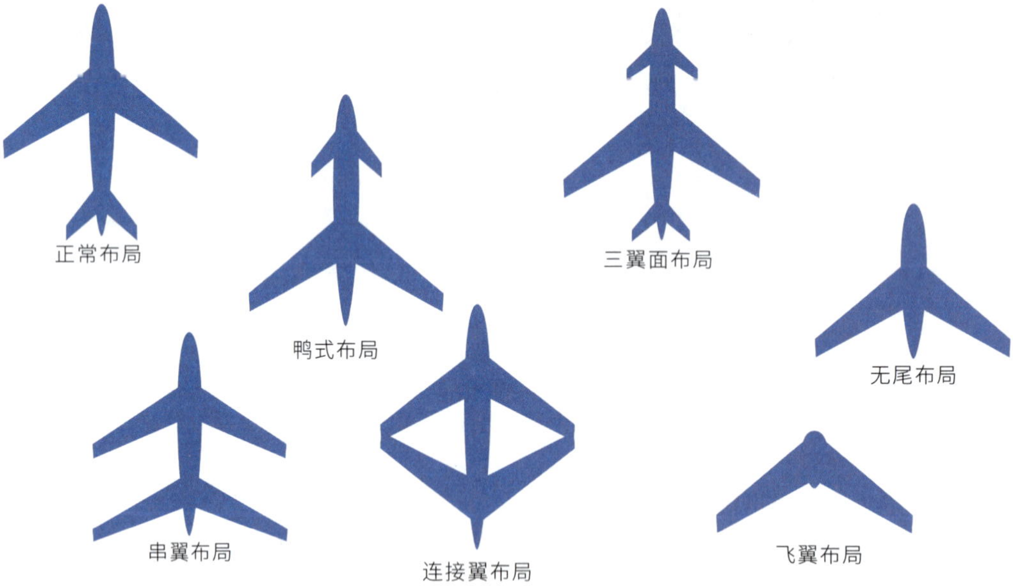

○ 不同的飞机总体布局形式（绘图 / 莫雳）

名师讲堂：

升阻比

如果你在航空博物馆里观察不同用途的飞机，或许会发现，滑翔机有着相对于机身而言非常长的机翼，而战斗机的机翼可能比较短。

飞机设计师会根据飞机的主要用途，计算出飞机的升阻比，并据此设计最合适的机翼。“升阻比”可以等效于飞机失去动力滑翔时，前进距离与下降高度的比值。升阻比越大的飞机，可以在空中滑翔的时间越长，可能飞往更远的距离。同一架飞机在不同速度下，升阻比是不同的。比如，在亚声速时，战斗机的升阻比一般在 5 左右，民航客机的升阻比可能为 10 ～ 20，而一些高性能的滑翔机的升阻比甚至有可能超过 50。但滑翔机的飞行速度比客机慢很多。而到了跨声速和超声速阶段，战斗机的升阻比会远高于低速飞机的布局。所以，虽然飞机设计师都在追求高升阻比，但必须在相同飞行条件下才能合理比较，而且升阻比不是飞机设计的唯一指标。

不断进步的发动机

前面提到，飞机飞行需要保持一定的速度以维持机翼的升力，从而利用升力来克服重力。此外，飞机同时也要克服空气阻力，以保持飞行速度。而发动机是克服空气阻力的关键，因此，飞机在飞行过程中，发动机会不停运转，产生让飞机前进的动力。

当然，有的飞机并不安装发动机，这类飞机被称为滑翔机。一方面，滑翔机沿着一定的轨迹下滑，将重力势能作为克服阻力的机械能。当然，如果没有外界能量注入，那么滑翔机的高度会越来越低。另一方面，滑翔机在飞行时，会力求捕捉上升气流。在山脉的迎风面和地面受阳光加热剧烈的区域，往往容易形成上升气流。滑翔机利用这种气流，不但可以保持一定高度持续飞行，有时甚至还能爬升到数千米至近万米的高度。

滑翔飞行有“靠天吃饭”的偶然性，并不能随时随地实现持续飞行；而且，其载重能力较弱，起飞也受到诸多条件的限制。因此，飞机想要发挥大作用，

○ 滑翔机飞行前的准备工作（供图 / 莫雳）

必须依赖发动机。大家都知道，汽车和船舶都安装了各类发动机。那么，什么样的发动机可以作为航空发动机呢？

由于飞行的要求远比在陆地行驶和海面航行苛刻，因此，在产生同等推力或者功率的条件下，发动机必须尽可能轻巧。也就是说，发动机输出功率和自身重量的比值（简称功重比）成为一个关键指标。许多发动机（如蒸汽机）就因为很低的功重比，无法成为飞机的发动机。也就是说，一方面，同等重量的发动机功率太小，不足以提供让飞机起飞的动力；另一方面，要提供同等的起飞动力，发动机又太重。因而，直到内燃机逐渐完善，飞机才有了诞生的可能。

类似的情况也发生在核动力装置上。尽管核动力舰船和核潜艇已经诞生了超过半个世纪，但核动力飞机却迟迟未能出现。依靠现有的压水或气冷反应堆模式，难以兼顾高功重比，保障飞机安全运行。或许，只有在将来熔盐反应堆等第四代核反应堆成熟后，滞空时间长达一周的核动力飞机才具有实现的技术可行性。

名师讲堂：

蒸汽动力飞机

从19世纪中期开始，欧洲有很多飞行先驱都试图研制蒸汽动力飞机，但所有这些尝试都失败了。这些设计中最为著名的或许是法国人克莱门特·阿代尔在19世纪末建造的“蝙蝠飞机”，但最终它也没能飞上天空。

蒸汽机想要产生动力，首先需要用煤、酒精或其他燃料加热锅炉中的水，再由水蒸气驱动活塞。经过两次能量转化后，燃料的能量已被大量损耗。所以，除了“蒸汽朋克”题材科幻作品中设定的飞行器，在现实生活中并没有用蒸汽机驱动的飞机。

在第二次世界大战的大部分时间里，为飞机提供动力的是活塞式发动机和螺旋桨的组合。活塞式发动机的原理类似于汽车发动机，通过燃料的膨胀推动活塞做功，并带动螺旋桨旋转。通过螺旋桨旋转运动产生向前的气动吸力（与机翼产生升力有相似之处），进而产生推力。

○ “喷火”式战斗机是活塞式螺旋桨战斗机的经典之作（摄影 / 莫雳）

战争的需要使飞机的速度不断提高。在第二次世界大战后期，采用活塞式发动机和螺旋桨的飞机已经达到了当时的速度极限。活塞式发动机必须驱动螺旋桨，才能将轴功率转化为拉力。因为螺旋桨的尖端无法超过声速，否则会因为激波阻力而导致螺旋桨的效率大幅下降，这也意味着发动机能量转化的损耗达到了无法接受的程度。另外，活塞式发动机为了输出更大功率，不得不采用更复杂的结构，这使得飞机的重量进一步增加，可靠性进一步下降。

因此，喷气式发动机逐渐成为飞机动力的主流选择。喷气式发动机产生推力的原理基本与火箭发动机原理类似，都是依靠反冲。不同的是，喷气式发动机可以不携带氧化剂，而是通过吸入空气中的氧气与燃料进行燃烧，从而产生推力。由于不用携带氧化剂，因此，喷气发动机比火箭发动机更加经济。

当前主要的喷气发动机是涡轮喷气发动机，以及在此基础上构建的涡轮风扇发动机、涡轮螺旋桨发动机和涡轮轴发动机。

为了实现持续的热力学循环，需要压气机对来流空气进行加压。这个过程与活塞发动机里通过活塞运动压缩空气类似。但过程是持续的，需要依靠很多级的压气机才能把空气加压几十倍。那么依靠什么能量来驱动这种压气机呢？

答案是，把燃烧后准备喷出的膨胀空气抽出一部分能量用来驱动涡轮。涡轮通过轴与压气机相连，涡轮旋转，就能带动压气机旋转。也就是说，一部分膨胀空气的能量用来高速喷出，形成发动机推力；另一部分能量用来推动涡轮，以驱动压气机吸入新的空气，实现持续不断的工作循环。用气体来推动旋转机械的原理类似于古人制作的“走马灯”。如果气体是膨胀的燃气，则被称为燃气轮机；如果气体是膨胀的蒸汽，则被称为蒸汽轮机。

喷气式发动机从大气中吸进空气，经过压缩和加热，再高速向后喷出，利用反作用力为飞机提供动力。早期的喷气式发动机在飞机飞行速度低于声速的时候，效率会变差。为了解决这个问题，设计师在涡轮风扇发动机的前方安装了一个巨大的“风扇”，使大部分空气不经过燃烧室，就以比较大的流量和相对较慢的速度向后喷出，帮助飞机有效地节省燃油。不经过燃烧室的空气与经过燃烧室的空气流量相比，被称为“涵道比”，这是涡轮风扇发动机的重要指标。绝大多数民航客机使用的就是涡轮风扇发动机，毕竟当前的民航客机不需要超声速飞行。发动机用相对较慢的速度喷出大团的空气，机械能的损失最小，效率最高。

如果飞行速度更慢，还可以用涡喷

○ 空客 A350 是一款民用喷气式客机，采用了大涵道比的涡轮风扇发动机（摄影 / 莫雳）

发动机驱动螺旋桨，构成涡轮螺旋桨发动机。这种发动机与活塞发动机相比，功重比更高，功率更大，震动更小；与涡轮风扇发动机相比，低速飞行更省油，而且更能适应粗糙的起降运营环境。涡轮螺旋桨发动机常见于中小型运输机，也有极少数被应用于大型运输机和轰炸机。

涡轮轴发动机则往往用在直升机上。它也是一种喷气式发动机，燃气产生的能量也被用来驱动动力涡轮，只不过动力涡轮输出的能量主要经过传动系统传导到直升机的旋翼上，成为直升机起飞和运动的动力。而发动机本身喷出的气流相当微弱，几乎不会为直升机提供动力。涡轮轴发动机也因为超越内燃机的高功重比，被广泛应用于车辆和舰船上。

有时，人们需要军用飞机有非常快的速度。此时，传统的喷气式发动机便难以应付。在飞行速度超过 3 倍声速后，由于冲压效应，来流空气被剧烈压缩从而产生高温。随着飞行速度的进一步提高，发动机的温度越来越接近燃烧室的温度，即还没点燃燃料，就达到了燃烧的温度。因此，涡轮喷气发动机在超过

○ A400M 运输机由 4 台大功率的涡轮螺旋桨发动机驱动（摄影 / 莫雳）

2.5～3 马赫高速飞行时，难以发挥作用。

不过，也正是因为冲压效应，才可以避免采用高速旋转的压气机，直接依靠冲压完成气体压缩，这就形成了冲压发动机。冲压发动机没有旋转零件，只要吸入空气并压缩，然后与燃料混合点燃使其膨胀，就可以产生让飞机前进的动力。但这样的原理也决定了装备冲压发动机的飞机不能自行起飞，因为在冲压发动机产生推力之前，飞机本身需要具有一定的飞行速度。

尽管如此，在研制军用高超声速飞行器的时候，人们还是更倾向于选择冲压发动机。因为冲压发动机可以直接利用空气中的氧气，并不需要额外携带氧化剂来助燃。相比之下，火箭发动机无法直接利用空气中的氧气，需要携带燃料和氧化剂。而携带氧化剂会白白占用宝贵的重量和空间，减少燃料的携带量，大大缩短发动机的工作时间。

名师讲堂：

火箭动力战斗机

第二次世界大战后，德国研制了使用火箭动力的截击机Me-163，并作为“秘密武器”装备部队。火箭动力使这种小型飞机拥有极佳的速度和爬升率，但由于无法携带大量燃料和助燃剂，它的发动机最多只能运转8分钟，而且用尽燃料后返航时很难控制。剧毒燃料和有腐蚀性的助燃剂，也使飞行员处于随时可能送命的危险之中。最终，这种飞机没能扭转战局，世界上再也没有军队将火箭动力飞机投入实战。随着液体火箭发动机技术和无人自主技术的进步，我国新一代的“无侦-8”无人侦察机亮相珠海航展。“无侦-8”利用新型的液体火箭发动机技术，实现了高超声速的飞行，具有难以拦截的侦察能力。当然，它的后续型号不一定会沿用火箭发动机，但一定会更高、更快、更远、更强。

垂直起降的途径

固定翼飞机的原理决定了它们需要滑跑起飞，无法在空中悬停。但有时，人们需要让飞机在没有跑道的地方起飞和降落，甚至悬停在空中。想要实现这样的功能，就意味着需要设计全新类型的飞行器。

○ 经典的直升机为单旋翼尾桨布局。本图为国产武直 -10 武装直升机（摄影 / 莫雳）

以直升机为代表，旋翼机的飞行原理与固定翼飞机的飞行原理有很大的不同，前者是通过旋翼的旋转来获得相对于空气的速度，从而提供足以起飞的升力的。旋翼机不仅包括直升机，还包括一些通过活塞式发动机产生前进动力，从而使无动力旋翼获得升力的特种飞行器。

在大多数人的印象中，直升机拥有一个位于机体顶部的旋翼和一个位于机尾的尾桨，这样的直升机被称为“单旋翼直升机”。尾桨的作用是为了平衡旋翼旋转产生的反扭矩，避免直升机原地打转。但也有一些直升机会采用其他方式解决打转这一问题，如用喷气口取代尾桨，或者让两个旋翼按照相反的方向旋转。

使用两个旋翼的直升机有若干种布局。两个旋翼有可能上下叠放、一前一后、一左一右，甚至像中国古代女孩的双丫髻发型那样倾斜安装。除此之外，美国军队使用的 V-22 一类的倾转旋翼机（tiltrotor）也可以视为一种特化型的直升机。它的机身两侧布置着两个旋翼，在起飞时朝向天空，使它像直升机那样起飞。但在升空之后，两个旋翼会逐渐转向前方，使它像固定翼飞机那样飞行，从而突破直升机的速度和续航力极限。但倾转旋翼机的机械结构非常复杂，事故频发，因此它还没有取代传统意义上直升机的位置。

○ 纵列式布局的直升机较容易实现大型化，挂载能力较好。图为美制 CH-47“支奴干”运输直升机吊运军用车辆（摄影 / 莫雳）

○ 共轴反转布局的直升机结构紧凑，悬停效率高，但机械复杂，前飞阻力较大。图为俄罗斯 Ka-52 攻击直升机（摄影 / 莫雳）

○ 欧洲直升机公司的 X-3 复合直升机验证机采用两侧推进螺旋桨，在悬停时依靠推力差来平衡主旋翼反扭矩，在前飞时共同产生推力。X-3 比传统直升机飞得更快，但侧方螺旋桨的存在对于人员上下直升机构成阻碍，市场推广并不成功（摄影 / 莫雳）

○ 贝尔 V-22 倾转旋翼机能够以直升机模式垂直起降，在巡航时转变为涡桨固定翼飞机的模式，实现高速、经济的飞行。本图为 1 ∶ 200 模型摄影（摄影 / 莫雳）

传统的直升机受制于飞行原理，时速很难突破 350 千米大关。即使是倾转旋翼机，最高时速也只能达到 565 千米，仍然慢于喷气式飞机，甚至慢于民航客机。因此，早在美国和苏联核对峙的“冷战”时期，一些欧洲国家出于对机场被毁的担忧，着手研制可以垂直起落的喷气式飞机。

这类飞机的代表是英国的“鹞”式战斗机。它采用特别设计的“飞马”发动机，具有推力矢量功能，即可以调整推力方向。当喷气口转向下方时，飞机就能垂直起飞和降落。在起飞后，喷气口逐渐转向后方，为飞机提供向前的推力。但为了实现垂直起落性能，飞机在其他方面做了大量的让步。在超声速空战时代，“鹞”是唯一全新研制的没有超声速能力的战斗机。而且，在采用垂直起飞模式出击的情况下，由于起飞阶段燃料消耗极大，“鹞”的作战半径只有可怜的 90 千米左右，几乎没有什么实战意义。因此，它更常用的方式是所谓的“短距起飞 - 垂直着陆”方式。当飞机起飞时，因为携带了大量燃料和弹药而导致无法垂直升空，因此需借助一段不长的滑跑距离来获得气动升力从而顺利升空。而当飞机返航时，燃料已消耗殆尽，弹药也已投掉，飞机重量大为减轻，因此可以实现悬停和垂直着陆。采用这种模式，大大改善了“鹞”式飞机的作战半径和载弹量，使其成为第一种大获成功的垂直起降飞机。

美国研制的 F-35B“闪电”超声速战斗机继承了英国“鹞”式战斗机和苏联雅克 -141 战斗机的许多优秀思路，实现了超声速飞行和“短距起飞 - 垂直着陆”功能，代表了当今垂直起降飞行器的最高水平。当然，F-35B 型战斗机为了与常规起降的 A 型和 C 型战斗机保持尽可能多的通用性，也付出了许多代价。

○ “鹞”式战斗机是垂直起降飞机中的优秀代表（摄影 / 莫雳）

自飞机诞生以来，不同用途的飞机逐步进入人类生活的各个领域。为了使飞机成为更好的生产工具和战斗武器，世界各国的飞机设计师一直在持续努力。对于我们每个普通人而言，先进的作战飞机使我们免遭敌人侵害，先进的民用飞机让我们的出行变得更加安全、便捷、高效。对于青年学生而言，航空是一扇窗口，通过这扇窗口，能够看到饱含人类极高智慧的机器是如何折射出人类改造自然的卓越工程思想，如何试图将科学、技术、艺术与社会进行融合的。同时，航空也激励着所有人，为了构建人类美好的未来，脚踏实地地去勇敢追逐梦想！

○ 航空构建人类美好的未来

互动问答

以下飞行器的飞行原理是什么？

飞艇——浮力
喷气式飞机——反作用力和气动升力
火箭——反作用力
热气球——浮力
风筝——气动升力
氢气球——浮力
固定翼飞机——气动升力

遇见科学

——院士专家讲科学（第四卷）

北京市科学技术协会　编

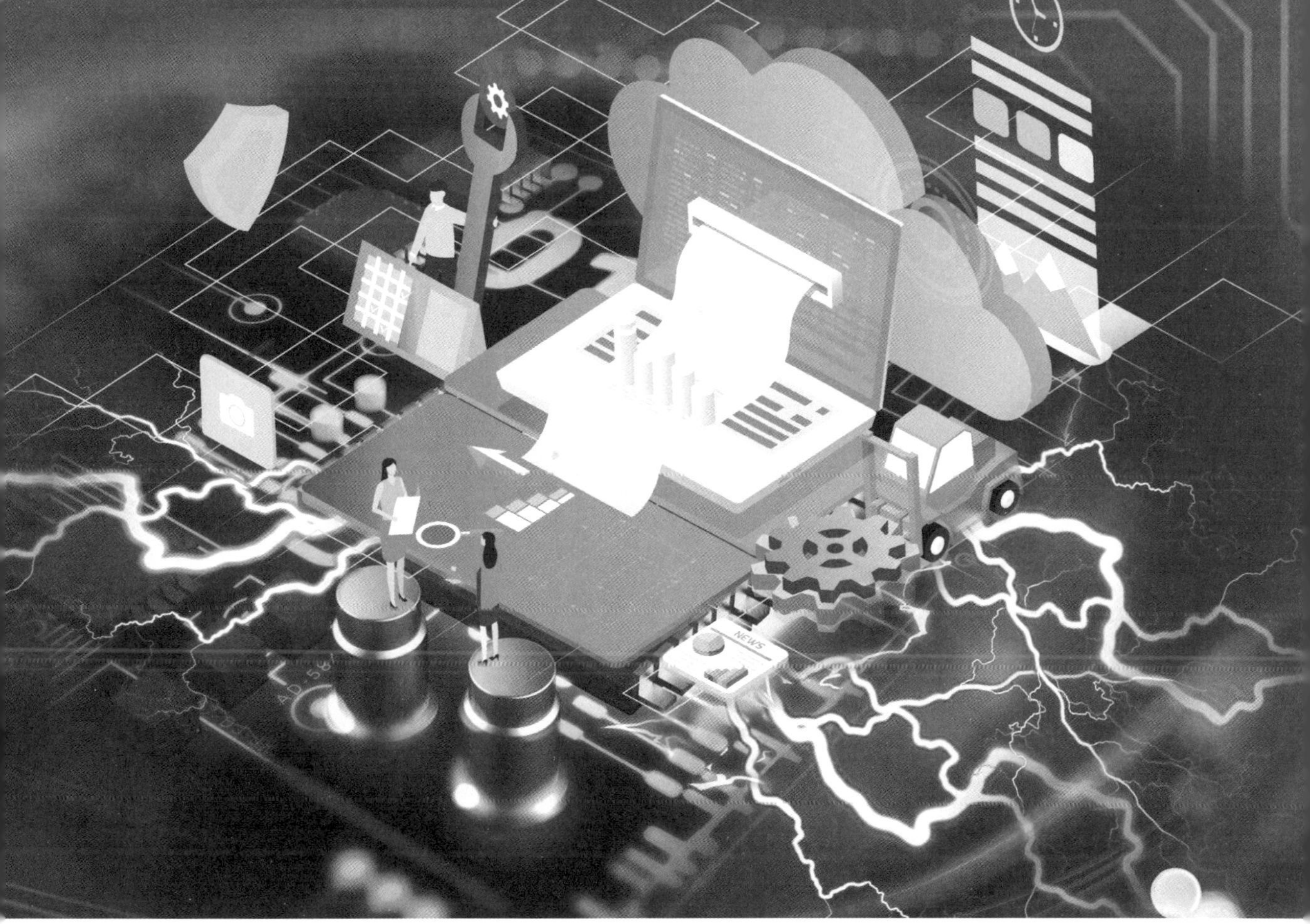

科学普及出版社
·北　京·

图书在版编目（CIP）数据

遇见科学：院士专家讲科学. 第四卷 / 北京市科学技术协会编. —北京：科学普及出版社，2023.10
ISBN 978-7-110-10534-4

Ⅰ. ①遇… Ⅱ. ①北… Ⅲ. ①科学知识－青少年读物 Ⅳ. ①Z228

中国国家版本馆CIP数据核字(2023)第028132号

丛书编委会

院士寄语

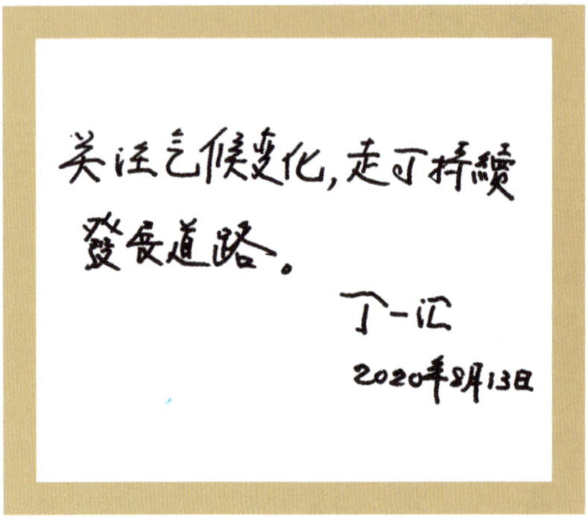
关注气候变化，走可持续发展道路。
丁一汇
2020年8月13日

△ **丁一汇**

中国工程院院士，天气与气候学家

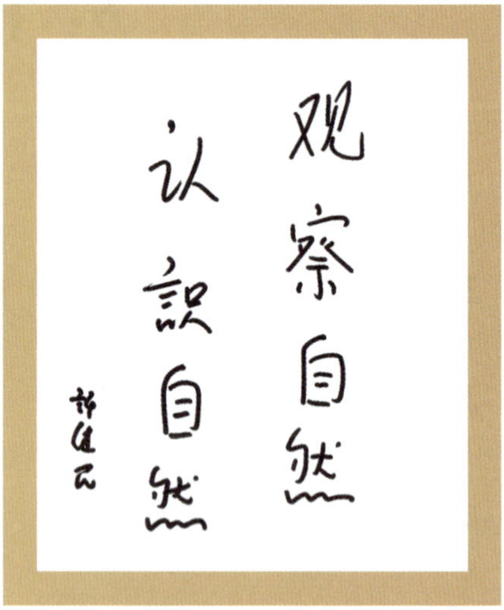
观察自然
认识自然
许健民

△ **许健民**

中国工程院院士，卫星气象专家

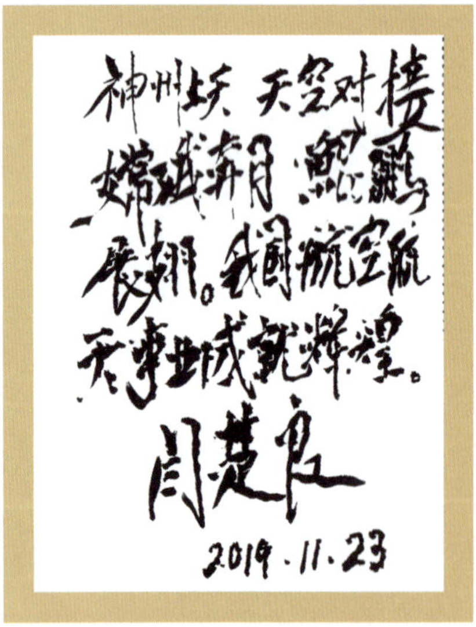
神州上天 天宫对接
嫦娥奔月 鲲鹏展翅。我国航空航天事业成就辉煌。
闫楚良
2019.11.23

△ **闫楚良**

中国科学院院士，飞机寿命与结构可靠性专家

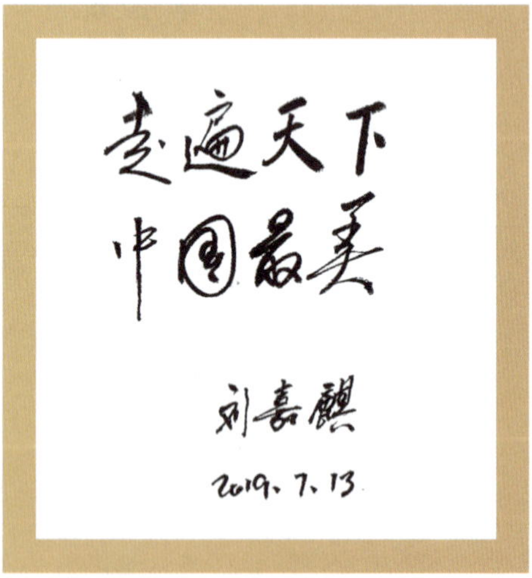
走遍天下
中国最美
刘嘉麒
2019.7.13

△ **刘嘉麒**

中国科学院院士，地质学家

院士寄语

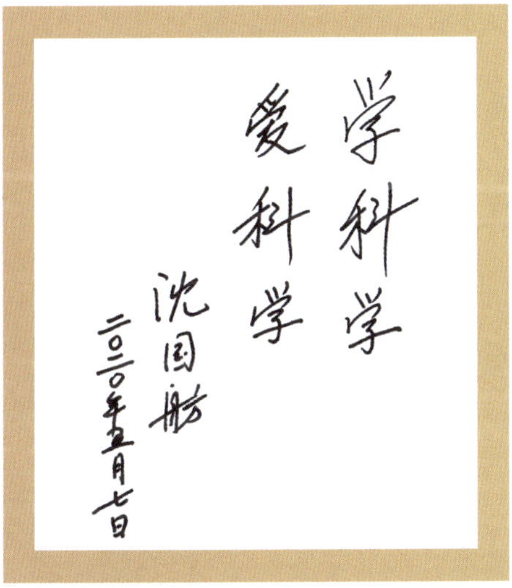
学科学
爱科学
沈国舫
二〇二〇年五月七日

△ **沈国舫**

中国工程院院士，林学及生态学专家

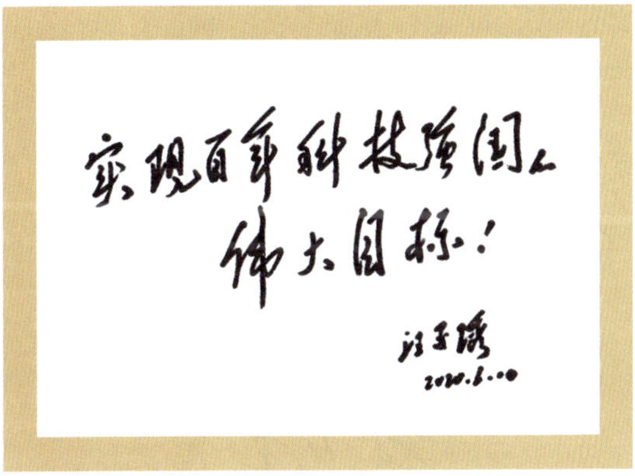
实现百年科技强国的
伟大目标！
汪景琇

△ **汪景琇**

中国科学院院士，太阳物理学家

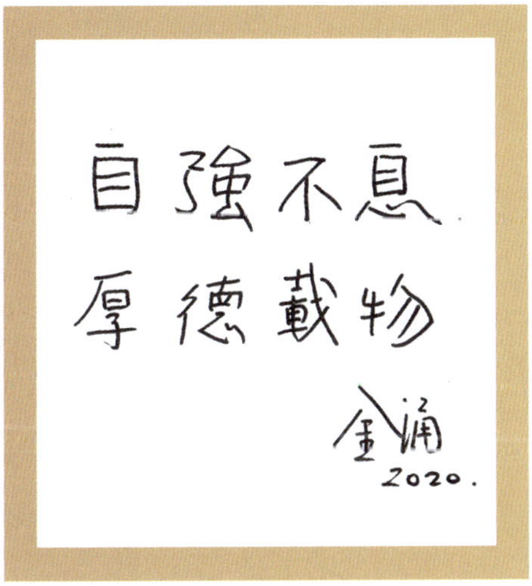
自強不息
厚德載物
金涌
2020.

△ **金涌**

中国工程院院士，化学工程专家

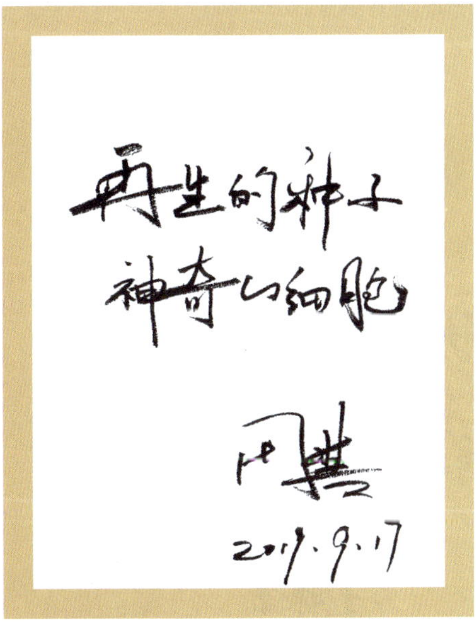
再生的种子
神奇的细胞
周琪
2019.9.17

△ **周琪**

中国科学院院士，干细胞和发育生物学家

院士寄语

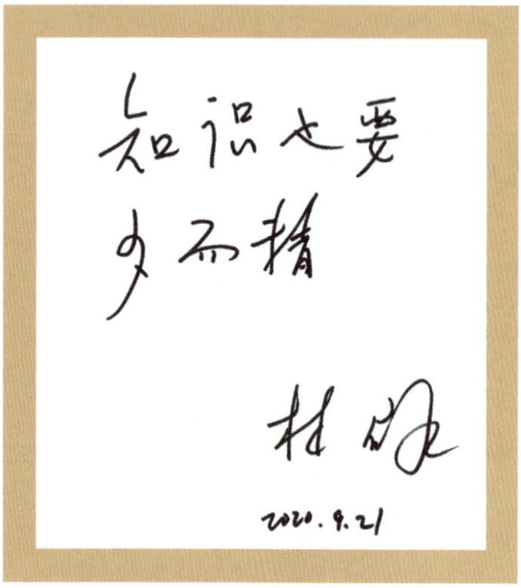

△ **林群**

中国科学院院士，数学家

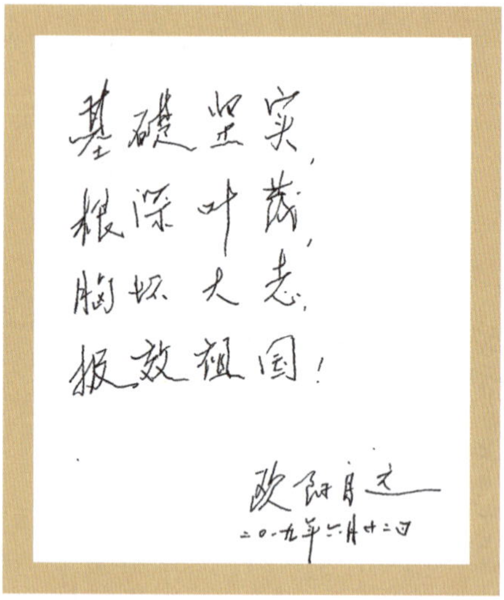

基础坚实，
根深叶茂，
胸怀大志，
报效祖国！
欧阳自远

△ **欧阳自远**

中国科学院院士，天体化学与地球化学家

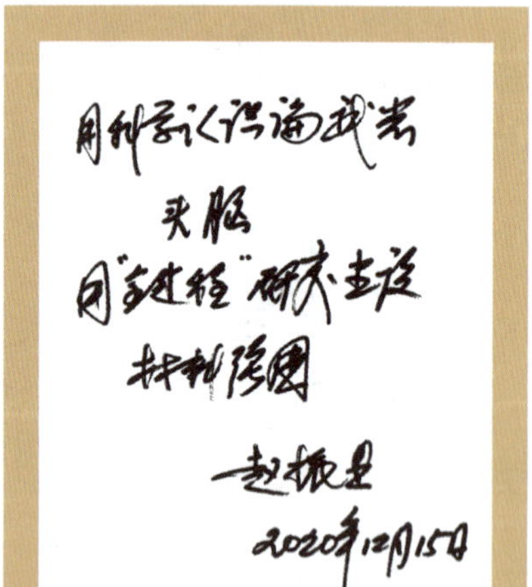

△ **赵振业**

中国工程院院士，金属材料科学家

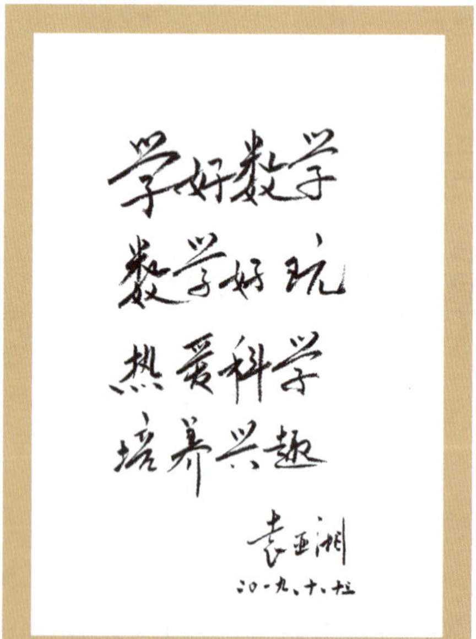

△ **袁亚湘**

中国科学院院士，数学家

院士寄语

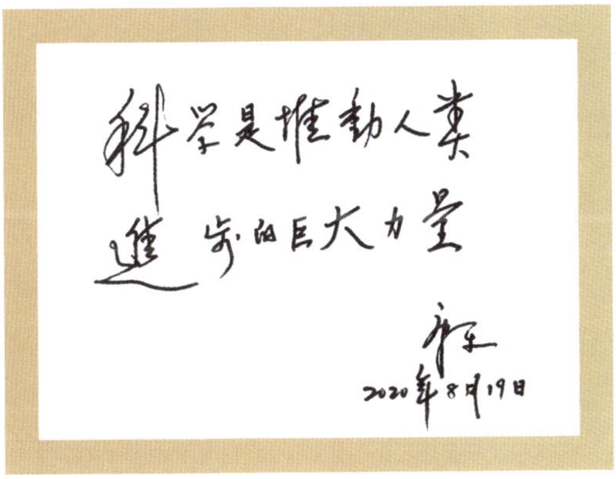
科学是推动人类
进步的巨大力量
康乐
2020年8月19日

△ **康乐**

中国科学院院士，昆虫生态基因组学研究领衔科学家

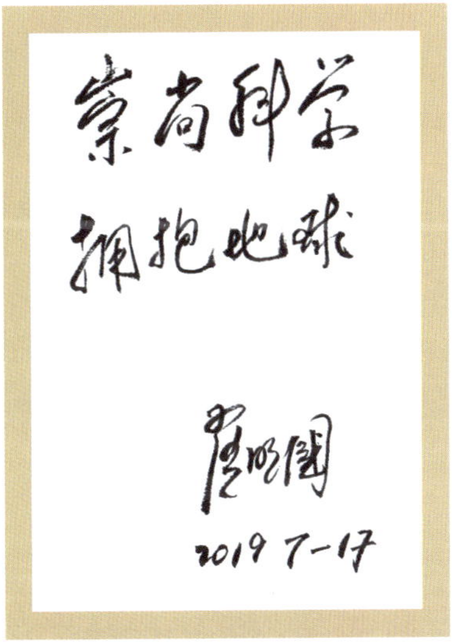
崇尚科学
拥抱地球
翟明国
2019 7-17

△ **翟明国**

中国科学院院士，前寒武纪地质与变质地质学家

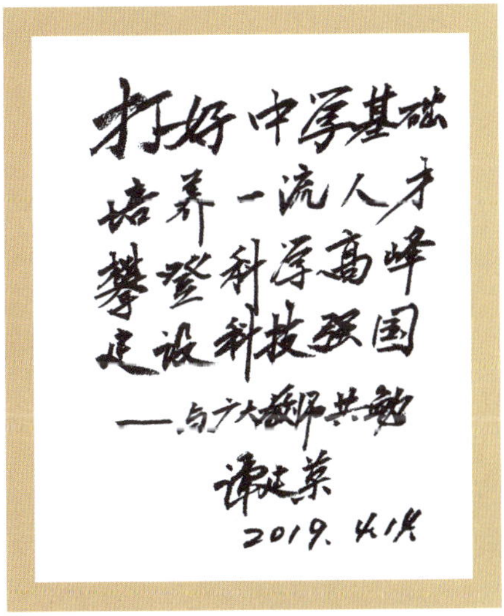
打好中学基础
培养一流人才
攀登科学高峰
建设科技强国
——与广大教师共勉
谭建荣

△ **谭建荣**

中国工程院院士，机械工程专家

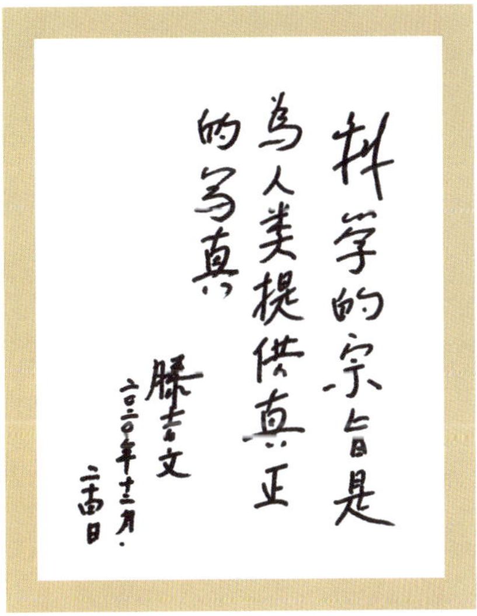
科学的宗旨是
为人类提供真正
的写真
滕吉文

△ **滕吉文**

中国科学院院士，地球物理学家

说明：以上内容均来自“院士专家讲科学”活动，“院士寄语”以姓氏笔画排序

序

科学普及是实现创新发展的重要一翼。北京市科协充分发挥开放型、平台型、枢纽型组织优势，扎实履行“四服务”职责定位，全面主动融入和服务新时代首都发展，积极推动建设与北京国际科技创新中心的城市定位相匹配的新时代青少年科学教育体系。自 2019 年以来，深入实施院士专家讲科学项目，汇聚全市众多科学名家与学者，突出优质原创科普内容建设，面向广大青少年采用科学名家讲座、主题研学等多种方式，提高青少年对科学学习的兴趣与实践水平，助力实现“科技创新”与“科学普及”协同发展、比翼齐飞。

《遇见科学——院士专家讲科学》丛书是以“院士专家讲科学”科普讲座为蓝本，组编的一套适合青少年学习的科普读物。该书第一、二卷，一经出版便获得了众多青少年朋友的喜爱。如今，《遇见科学——院士专家讲科学》（第三、四卷）又与大家见面了，该书将由 6 位院士、14 位专家带领大家了解：

红色传承·党史励志与科技兴邦

探索宇宙·航空航天与太空探险

返璞归真·自然生态与生命科学

知因求果·五大学科与思维模型

从远古恐龙世界到大数据与人工智能，从地质地理到太阳系，从蝗虫的研究到白头叶猴的探秘，每一篇文章都是一个新奇的世界。而院士、专家身上所具备的爱国奉献精神、探索创新精神、勇于开拓精神等都是值得青少年学习的。

少年易老学难成，一寸光阴不可轻。时光是最好的财富，青少年时期正是记忆力强、学习能力强的时候。这一阶段的学习除需要注重稳固基础外，还要尽可能开阔眼界。因此，希望每位阅读本书的青少年都能开卷有益，也期待更多优秀科学家与学者加入“院士专家讲科学”的“大家庭”，为培养可承担建设世界科技强国历史使命的新一代青少年科技创新人才打造成长的摇篮。

张小曳

中国工程院院士　应用气象专家

2023 年 9 月

目录 CONTENTS

说明：目录中有二维码标记的都是有相关视频

03

- ◎ 赵春江院士：人工智能与智慧农业
- ◎ 翟明国院士：探秘“石”空，求索地球奥秘
- ◎ 张小曳院士：遏制雾-霾，中国在行动
- ◎ 康乐院士：蝗虫群聚的奥秘
- ◎ 裘锐：走进恐龙世界
- ◎ 黄乘明：白头叶猴的生存奥秘

赵春江：

中国工程院院士，农业信息工程技术专家。现任北京市农林科学院国家农业信息化工程技术研究中心主任、国家农业智能装备工程技术研究中心首席科学家、农产品质量安全追溯技术及应用国家工程研究中心主任、国家新一代人工智能战略咨询委员会成员、国家“互联网+”行动专家咨询委员会委员、中国人工智能学会智能农业专业委员会主任等

智慧农业构想图

赵春江院士：人工智能与智慧农业

扫一扫，看专家讲座视频

随着计算机和互联网技术的飞速发展，“人工智能”已经触及人们生活的很多方面。而农业这个有着悠久历史的行业，同样是人工智能大有作为的领域。如今，人工智能已经深入农业的多个领域，不仅让农业生产的劳动强度大幅降低，还有可能从根本上重塑它。

现代农业呼唤人工智能

1956 年，世界上一些顶尖的计算机科学家试图用机器模拟人类的思维方式，由此拉开了人工智能研发的序幕。截至目前，人工智能已经发展成为集研究、开发用于模拟、延伸和扩展人的智能的理论、方法、技术及应用系统于一身的一门技术学科，研究范围包括机器人、语言识别、图像识别、自然语言处理和专家系统等。

如今，人工智能已经渗透到人们生

活的方方面面。比如，通过指纹、人脸、虹膜、掌纹等生物特征对个体进行识别，网络搜索引擎的智能搜索和预判，自动规划行车路线等，都有着人工智能的身影。

目前，随着信息科技的不断进步，特别是互联网向物联网方向的发展，促使人们又提出了“新一代人工智能（AI 2.0）”的概念，即基于（发生）重大变化的信息新环境，去实现新目标的新一代人工智能。网络中种种智能设备产生的巨量数据被作为人工智能进行决策分析的依据与素材，使得人工智能在数据的决策分析方面的能力大幅提升。而正是得益于人工智能的进步，使农业逐渐成为人工智能新的应用领域。

现代信息技术与农业的深度融合发展，引发了农业的第三次绿色革命，并让农业进入数字化新时代。农业数字革命带来了智慧农业和数字经济，其核心要素数据（信息）、知识和智能，不断引领着农业向高质量方向发展。

其实，农业是一个传统的、经验性比较强的行业，但正是这样的特点，决定了人工智能在农业领域有着巨大的应用潜力。首先，农业更重视经验，很多问题难以用数学模型描述，但人工智能却可以通过符号推理来解决其科学决策

○ 人工智能助力农业

名师讲堂：三次“绿色革命”

20世纪中叶，先进农业技术的推广使发展中国家开展了一系列农业生产技术改革活动，称为“绿色革命”。第一次绿色革命主要是通过新品种的作物，解决发展中国家的粮食问题。但这次绿色革命暴露出与新品种作物配套的生产方式存在高能耗、高污染等问题。随后发生的第二次绿色革命致力于运用生物技术，在提高农业产量的同时，减少农业对环境的影响。农业引入人工智能参与决策和生产，则被认为是第三次绿色革命。

问题。其次，农业生产也受各种复杂因素的影响，包括气候、土壤、种植制度等，但运用人工智能技术，就可以实现多因素的协调，进而实现对农业的科学管理。最后，农业是“靠天吃饭”的行业，无论农业技术如何进步，天气对农业生产的影响总是难以消除。而人工智能技术恰恰能够实现对天气的预测与预警，可以极大地减少或避免天气灾害对农业的不利影响。此外，农业劳动强度大、作业环境差。即使在极端恶劣的天气环境下，农民仍然需要坚持劳作。但如果机器人能代替人开展农事活动，那么这些问题就可以迎刃而解。

正因为如此，人工智能在农业当中有着非常广阔的应用前景。通过大数据分析、计算和认知，服务于农业的人工智能可以颠覆传统的农业行业。美国IBM公司的一位分析师认为，人工智能在农业中至少能发挥5个方面的作用：一是通过机器学习技术，将大量结构化和非结构化的数据如天气、土壤、市场和社交媒体（流量）等，转化为农业智能决策的依据；二是通过图像识别技术，分析农业无人机（UAV）监测图像，通过物联网和计算机视觉技术的联合，优化农场生产管理的决策；三是利用人工智能对农业机械进行智能控制来实现远程操作和无人操作，减少对体力劳动的依赖，提高农民专业化的生产能力，提

○ 农业是“靠天吃饭”的行业

前确定风险点，并作出科学决策；四是通过人工智能的认知技术，来确定适合的农业生产目标，并关联分析天气、土壤、病害发生、市场价格等，让农民最大限度地提高收益；五是利用人工智能技术制造的“聊天机器人”，如同一个可以随时请教的智能助理，帮助农民掌握新的农业技能与知识。

MarketsandMarkets 是全球第二大市场研究与咨询公司。这家公司认为，从 2019 年到 2025 年，人工智能在农业中的应用会快速成长，年均复合增长率（CAGR）大约是 26%，到 2025 年可以达到 42 亿美元，这是一个非常惊人的数字。人工智能主要服务于大田种植、设施园艺、户内种植、畜牧养殖等领域。它最主要的发展瓶颈是高精度的田间信息获取成本。而要想降低这种成本，则有赖于传感器技术和高通量信息获取技术的进步。

目前，发达国家的农业发展趋势是发展“无人化农场”。也就是说，在田间很少会有农民劳作，而是人工智能控制的机器在作业。支撑这种无人农场的核心技术就是一系列的人工智能技术。未来，随着中国城镇化发展速度的加快，

○ “无人化农场”将通过操控机器人实现田间作业

以及农村劳动力的大量转移，无人化农场在中国必会成为一种发展趋势。如今，中国已经有了一些实验性的“智慧农场”，虽然技术水平与发达国家先进的无人化农场无法相比，但符合中国当前的国情。再者，随着科学技术的传播与普及，新型职业农民会逐步掌握运作农场所需的人工智能技术，因此，从上述可知，中国必将会建立起属于自己的无人化农场。

智慧农业里的人工智能

智慧农业是以信息和知识为核心要素，通过现代信息技术和智能装备等与农业深度跨界融合，实现农业生产全过程的信息感知、定量决策、智能控制、精准投入和个性化服务的一种全新的农业生产方式。或者说，智慧农业就是将多种先进的生产力要素有机组合在一起，引发农业生产方式的变革，进而实现农业信息化发展从数字化到网络化再到智能化的高级蜕变。

智慧农业集成了农业领域的三大生产力要素，即生物技术、信息技术和智能装备。其中，后两者都属于人工智能研究的范畴。信息技术给了机器“学习”与分析的能力和素材；智能装备则有助于提高农业生产的工作效率，代替人完成搬运重物等重体力劳动，或者喷洒农药等重复性的农业劳动。

基于神经网络的深度学习，是当今人工智能研究的热点，也是农业人工智能研究的重点。新一代人工智能技术主要包括 5 个大类，即大数据智能、跨媒体智能、群体智能、人机混合增强智能和自主无人系统。如果结合农业的生产特点与应用场景，则可以将人工智能技术归纳为具体的 6 种，分别是农业动植物智能识别、农业跨媒体数据挖掘分析、5G+ 区块链技术、人机协同与农业智能系统、农业人机混合智能交互与虚拟现实技术，以及农业机器人与农业无人系统。其中，农业机器人与农业无人系统会是未来农业人工智能最有发展前景的领域。但是，这类技术比较复杂，研发和部署的成本投入都比较高，对于当前的农业生产现状来说并不太合适。所以，机器学习和分析是目前农业人工智能领域的研究重点。

得益于大数据技术的发展，机器学习得以通过足够的素材“成长”，从低精度的分析演化到高精度的分析；从过去只能分析比较直观、浅层的特征，演化到如今可以对复杂关联的深层特征进行分析。当下，随着农业基础条件的改善，特别是网络、卫星等系统的完善，横跨“天、地、人、网”的农业农村大

○ 人工智能指导农业生产（概念图）

数据采集系统已具雏形，在此基础上，人工智能将可以为农民提供专业化的意见来指导农业生产。

目前，中国为农民提供生产技术在线咨询的人工智能系统已经接入全国 31 个省、直辖市和自治区，覆盖了 2845 个县。随着农民所提问题数量的增长，人工智能系统本身也在不断自我成长，可以给出更为完善的答案。目前，中国农民遇到的与农业生产有关的问题，绝大部分都可以通过人工智能系统找到答案。这表明，中国的人工智能技术用知识服务农民的能力取得了提升。

随着人工智能的不断完善，其服务农民的形式也变得更加灵活。例如，通过专门开发的 Web 平台、App、第三方接口等，农民可以直接通过语音输入问题。人工智能进行语音识别后，会像人类农业专家一样给出最佳答案。当然，在这一过程中还有不少问题有待解决，如让人工智能精准识别中国各地人们的口音，便是一道不易攻克的难关。但以目前的人工智能技术水平和发展速度来看，让农民拥有愈发完善且个性化的随

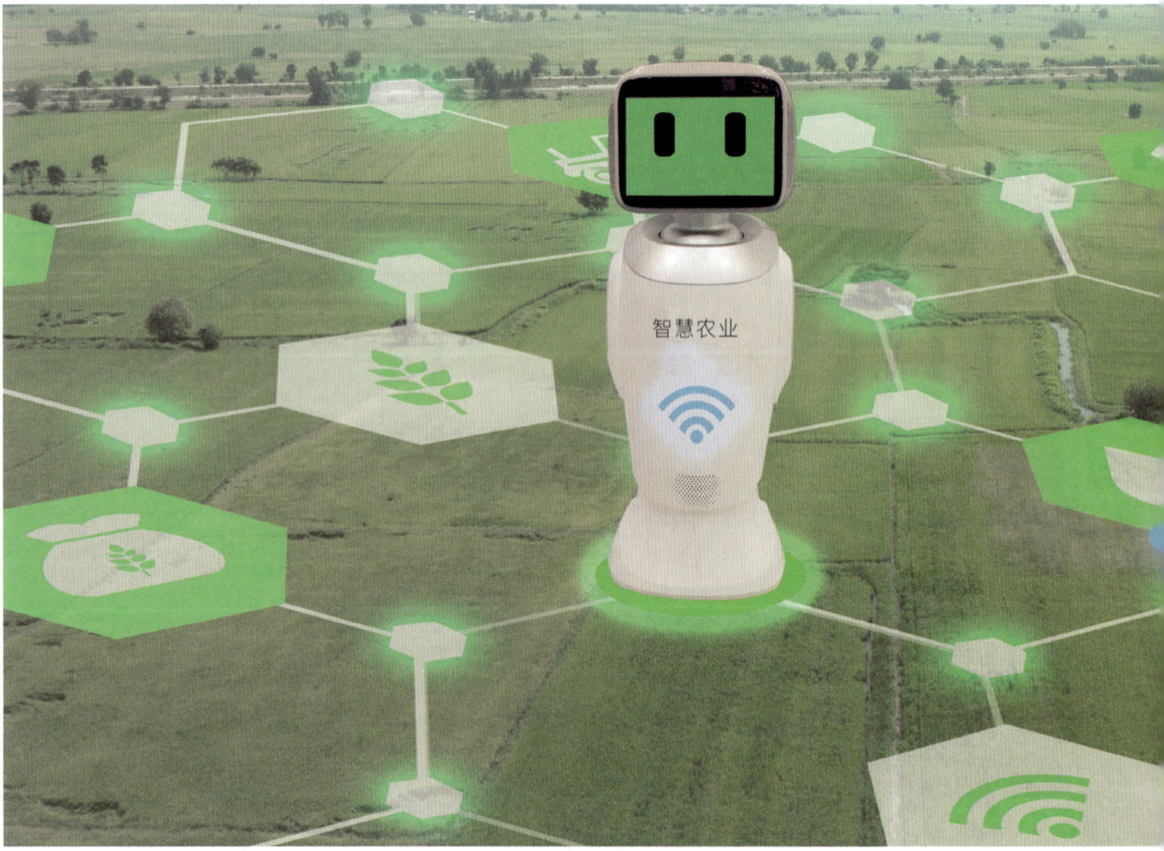

○ 农民使用人工智能管理农场

身智能助理并非遥不可及。

此外，增强现实（AR）与虚拟现实（VR）技术和农业人工智能的结合，同样充满了吸引力。利用增强现实技术可以开展作物表型信息获取与解析，为分子生物学研究提供数据基础。而利用虚拟现实技术，农业科技工作者可以设计理想的农作物种植株型结构，为理想株型的育种奠定良好的科学数据基础。

生物识别技术应用于养殖业，也是一个值得期待的发展方向。现代化的养猪场会饲养大量的猪，人工观察每一头猪的日常状态不太容易，但是，利用人工智能视觉分析技术，就可以比较容易地发现哪头猪的生长出了问题。鱼塘则是该技术另一个有待攻克的领域，因为鱼在水里，人们不容易看清它们的生长状况，但如果将人工智能生物识别与图像增强技术相结合，那么人们就有可能能够了解鱼在水下的情况，并设定投食时间，从而进一步提高饲料的利用效率。

农业机器人闪亮登场

在农业人工智能当中，农业机器人代表着未来的发展趋势。合格的农业机器人需要将情景感知、机器视觉、自动规划等认知技术整合到传感器、制动器等硬件中，以便在农业未知环境中灵活地处理不同的任务。总的来说，农业机器人包含基于视觉、触觉、听觉、味觉技术的多模态信息感知系统（相当于人的五官），非结构环节和复杂光环境下的高精度靶标识别、场景预判与路径规划、智能控制算法的机器脑（相当于人的大脑），以及高效鲁棒的机器人专用驱动和适应于农产品鲜活特性的柔性末端执行机构部件（相当于人的手脚）。

目前，国际学术界都非常关注对农业机器人的研究。在各个著名的国际性机器人大会上，都有关于农业机器人理论和研究进展的学术报告。一些国际管

○ 通过无人机喷洒农药可以避免农民身处有害的生产环境（概念图）

理咨询企业的市场研究报告显示，在与农业有关的人工智能技术当中，农业机器人会是一个增长速度格外快的领域。

目前，全球农业机器人产业化程度最高的主要集中在无人驾驶拖拉机、喷药无人机和挤奶机器人这三大类型。但也有一些知名的机器人公司着眼于其他细分领域，如有的公司重点关注（果品）采摘和除草机器人，还有的公司专注于播种、移苗移栽、施肥等机器人的研发制造。在农产品智能加工车间里，果品分拣和包装机器人的发展速度非常快。

发展农业机器人之所以势在必行，是因为愿意从事农业活动的劳动力正在变得越来越少。即使在中国这样的农业大国，从事农业生产活动的劳动力占总劳动人口的比例也从 1991 年的 60% 下降到 2018 年的 26.1%。农业劳动力的快速减少，导致劳动力成本迅速增加。目前，在很多农产品的生产过程中，劳动力成本已经占到整个成本的 50% 以上。

而且，农民同样有追求工作体面、劳动环境洁净的权利。强迫农民进入有毒和有害的生产环境，对他们而言并不公平。所以，这样的岗位最好由人工智能控制的机器人来取代。

总的来说，受制于基础研究的短板，中国的农业机器人在算法、材料、工艺等方面有不完善之处，使得机器人的智能化程度相对不高。另外，农业的作业环境是一种不同于工业的非结构化的变化场景，所以机器人下田后，如果经常发生无法适应农田环境的情况，那么其作业效率就会降低。在推进农业智能化的过程中，由于中国改革开放之初实行的土地家庭联产承包责任制度，使得我国南方出现了很多被高度细分的丘陵耕地，这成为推广农业机器人的难关。想要解决这种问题，一种比较好的方式是由机器人研发者带着机器人经历整个农耕过程，并通过机器学习和机器人开发者对学习结果的修正，让机器人真正了解现代农业生产流程背后的逻辑。

但实现“无人化农场”和农业机器人运转所需的一些基础设施在中国已经成熟。比如，无人驾驶拖拉机和联合收割机等农业机具也属于一种农业机器人。通过我国自主研发的北斗卫星导航系统的支持，这类机器人能够准确地完成农业劳动。目前，在农业机械无人驾驶这个环节上，中国已经拥有了成熟的解决方案。接下来的工作便是整合人工

○ 大片农田更容易进行“无人化农场”建设

○ 5G 自动拖拉机在玉米地里工作（概念图）

智能与大数据、物联网等技术，来进一步提高农业机械的智能水平。

让无人驾驶的农业机械顺畅运行，让“无人化农场”成为现实，有赖于人工智能的进步，以及信息时代种种基础设施的完善。发展智慧农业已成为时代所需。未来，农业会向着电脑强化人脑、机器替代人力、自主替代进口的方向发展。新一代的人工智能技术和农业的跨界融合，必将改变中国农业的格局，促进中国的“智慧农业”向更高水平发展。

互动问答

人工智能的各项技术在农业中可以发挥怎样的作用？

1. 通过机器学习技术，将大量结构化和非结构化的数据如天气、土壤、市场和社交媒体（流量）等，转化为农业智能决策的依据。

2. 通过图像识别技术，分析农业无人机（UAV）监测图像；通过物联网和计算机视觉技术的联合，优化农场生产管理决策。

3. 利用人工智能对农业机械进行远程操作和无人操作，减少对体力劳动的依赖，提高农民专业化的生产能力，提前确定风险点，并作出科学决策。

4. 通过人工智能的认知技术，来确定各种适合的农业目标，关联分析天气情况、土壤结构、病害发生、市场价格等，最大限度地提高农民的收益。

5. 农民的“聊天机器人”，如同一个可以随时请教的智能助理，帮助农民掌握新的农业技能与知识。

翟明国：

中国科学院院士，中国科学院地质与地球物理研究所研究员

〇 地球是人类唯一的家园

扫一扫，
看专家讲座视频

翟明国院士：探秘“石”空，求索地球奥秘

地球是人类文明的“摇篮”，也是从目前到可预知的未来里，全人类赖以生存的唯一家园。通过研究形形色色的古生物化石，我们可以了解地球上生命的演化历程。而在有生命之前，地球的样貌也同样可以被岩石蕴含的地质学信息勾勒出来。通过对岩石的研究，人们可以了解地球的年龄和起源，还有地球上曾经发生过的重大事件，甚至预见地球未来的模样，洞悉亿万年之后大陆与海洋的形状。

穿越“石”空看地球

关于地球的概念或定义，目前来讲大致有 3 种：一是地球是太阳系的第三颗行星；二是地球是人类居住的星球；三是地球是宇宙中唯一已知的有生命的星球。这 3 种说法从不同的层面对地球进行了描述。其中，第一种说法从天文学角度出发，描述了地球在宇宙中的位置，同时也表明了它最关键的地质学信息。

根据人类目前已经掌握的天文学知识，我们知道太阳系拥有 8 颗行星。最靠近太阳的 4 颗，即水星、金星、地球和火星，是由岩石组成的行星，被称为“类地行星”。地球的表面大部分被海洋覆盖，因此，从太空看过去，地球是一颗美丽的蓝色行星，它从诞生到现在，已经走过了 46 亿年的历程。在这个无比漫长的过程中，地球经历了惊天动地、翻天覆地，甚至“造天造地”的变化。

研究地球的历史，特别是陆地的形成与演化，是自然科学的核心和主旨。自人类开始有意识地研究地球以来，经过一代代科学家的不懈努力，得出结论，地球是一个球体，结构有些像鸡蛋。在地球的核心部位，是炽热的地核；围绕着地核的，是厚实的地幔；在地幔之上，

○ 地球圈层结构示意图

是一层很薄的地壳。其中地核与地幔的分界，被称为“古登堡界面”；地壳与地幔的分界，被称为“莫霍洛维奇界面”。此外，在地球之外还有一个大气圈层。

尽管我们划分了地球（岩石部分）的圈层，但这些圈层之间并不是各不相干的，而是无时无刻不在进行着物质与能量的交换。比如，我们熟悉的火山爆发，岩浆从火山口喷出并四处流淌的场面，其实就是地球的圈层之间发生运动的证明。因此，我们生活的地球其实是一颗“活”的行星。

人类生活在地球表面，与地球最常打交道的部分就是大陆地壳。但迄今为止，人类即使使用最先进的钻探技术也无法钻穿它。地壳的平均厚度约为 17 千米，其中大陆部分厚度更大一些，平均约为 35 千米；高山、高原地区的地壳厚度最高可达 70 千米。而大陆地壳又分为下层地壳和上层地壳。其中下层地壳通常被称作玄武质地壳，二氧化硅的含量比较低；上层地壳被称为花岗质地壳，二氧化硅的含量比较高。

地球上的岩石可以分成 3 类，分别是水成岩（沉积岩）、火成岩和变质岩。其中，水成岩是沙砾、泥质和溶解在水里的矿物质等经过水流的搬运、沉积而形成的岩石；火成岩是岩浆冷却形成的

名师讲堂：

科拉超深钻井

20 世纪 60 年代，美国和苏联开启了太空竞赛，在对地球内部构造的探索方面，也一直暗暗较劲。双方都试图打出穿透地壳的超深科研钻井，取得地幔的物质。1970 年，苏联在科拉半岛开始建造自己的超深井，到 1983 年，其钻探深度已突破 12000 米。但因为地下独特的环境，接下来的钻探工作遇到了巨大的困难，哪怕是一丝一毫的进步都需要付出高昂的代价。

1991 年苏联解体后，其科研经费的枯竭迫使钻探计划于 1993 年终止，深度纪录停留在 12262 米，未能穿透划分地壳与地幔的“莫霍洛维奇界面”。尽管如此，科拉超深钻井仍然是到达地球最深处的人造物体。这个通向地下的“窗口”，使人们了解了很多关于地球历史的最重要的科学信息。

岩石，包括喷出地表的火山岩和未喷出地表的侵入岩；变质岩则是指已有的岩石受到地球内部力量（如温度和压力等因素）的改造，在基本固态下再结晶形成的岩石。水成岩、火成岩和变质岩都有可能因为地球的构造运动，从地壳浅层“跑”到深处，并再次发生变化，成为另一种新的变质岩。

在地质博物馆里，收藏有许多五光十色的矿物，而地球上的岩石就是由不同的矿物组成的。矿物有不同的色彩、结构和硬度，有一些矿物的形成依靠地球深处提供的苛刻环境，直到今天还很难人工合成，也因此成为一些尖端制造业的必需品。人们喜欢的很多宝石如钻石（金刚石）、红宝石、蓝宝石、祖母

○ 天然矿物宝石

绿等，也都是矿物。

地核分为内核与外核，这两层地核与更外侧的地幔的运动速度都不相同。它们的速度差异，如同发电机一样，让地球拥有了磁场。和磁铁一样，地球磁场也有南北极，而且从目前来看，地球的南北磁极和地理上的南北极接近。地质学家经研究证实，在地球漫长的成长史中，磁极位置会不断发生移动，甚至南北反转。不过，这个过程需要的时间很长，在人类进入文明之后的“短暂”时间内，地球磁极反转的现象还没有发生过。中国古代“四大发明”之一的指南针，就是依靠地磁极性的原理，实现准确导航的。

得益于磁场的存在，地球才能拥有厚实的大气层，从而保护地球上的生命免受太阳风暴的侵害。

不断运动的地球

地球的圈层之间在不断发生着物质交换。这种交换不仅发生在岩石部分，或者说岩石圈之内，也发生在大气圈、水圈、生物圈与岩石圈之间。其中发生在岩石圈的变化会塑造地球表面的样貌，并且影响到其他的圈层，如水圈的水循环与海陆分布。

所以，在地质学家眼里，地球是一

○ 地球上的大陆并非一成不变的，而是在不断漂移的

颗运动着的、有生命的星球。岩浆是它的血液，地震是它的脉搏，火山是它的呼吸，地热是它的体温，深部和洋陆构造是它的骨架。地球表面的样貌随着地球的运动不断变化。今天被称为“世界屋脊”的喜马拉雅山脉，在恐龙时代曾经是汪洋大海，这让我们对地球表面样貌的变化有了直观的印象。

人类一直想知道地球，特别是地壳运动的规律。这里必须要提一个人，那就是德国气象学家、地球物理学家阿尔弗雷德·魏格纳，其提出了大陆漂移假说。据说，1910 年，生病住院的魏格纳在观看世界地图的时候，偶然发现了一个奇特的现象：欧洲和非洲的西海岸，与大西洋的彼岸，也就是北美洲、南美洲的东海岸，轮廓非常相似。如果从地图上把这些大陆剪下来，则可以拼接成一个大致吻合的整体。因此，他猜想，这些大陆或许原本连在一起，只是后来分开了；或者说，地球表面的大陆并非一成不变，而是曾经发生了漂移。

这个假说于1915年被正式提出后，因为没有拿出有力的证据予以证明，遭到了当时人们的讥笑和批评。之后，魏格纳又在 1930 年的一次探索考察中不幸离世，使得该假说几乎完全沉寂，不再被人们提起。直到 20 世纪 50 年代，随着古地磁学、地震学及测量技术的发展，人们才为大陆漂移假说找到了确凿的证据。20 世纪 60 年代初，科学家以大陆漂移假说为基石，提出了海底扩张学说。20 世纪 70 年代，在二者的基础上，诞生了被科学家称为是当代最有影响力的全球构造理论——板块构造学说。

板块构造学说认为，岩石圈可以划分为一定数量的板块，如同一幅巨大的拼图。地球表面的大陆和海洋板块都坐落在地球深部的软流圈上。今天人们所见的各个大陆，在 2.5 亿年以前是连在一起的。后来，这些大陆板块逐渐分开，使得地球表面形成了现在的样子。当然，板块构造学说也同样是一种假说，因为今天的人们看不到 2.5 亿年以前的真实情况。不过，运用现在最先进的观测和计量手段，我们确实可以找到地球上大陆正在运动的证据。比如，欧亚大陆所在的欧亚板块，运动速度大体等于人类指甲生长的速度。也就是说，假如我们一整年不剪指甲，它生长出来的长度就相当于欧亚板块每年运动的距离。

板块构造学说提出后，让人类得以深入研究地球科学的一些最为根本的问题，比如，大陆的起源、大陆和大洋的构造与变化、地球拥有水和氧气的过程、地球现在的面貌在何时“定型”，以及它们会在何时“变脸”。这些问题都是地球科学最前沿的领域。诞生之初的地球是生命无法生存的炽热行星，可以被称为“混沌地球”。随着时间的流逝，

○ 岩石中蕴含着地球演变的历史

地球逐渐有了地核、地幔和地壳的分层，有了大气圈、水圈，有了大陆，有了不同的生物，成为我们熟悉的地球村。地球由于宜居的环境在太阳系中独树一帜，被称为“蓝色星球”。但地球并不会止于这个状态，它还会继续演化，最终成为一颗我们知之甚少但将不再宜居的星球。

尽管地球表面大部分被海洋覆盖，但人类更为熟悉的无疑是大陆。人类在陆地上生活并建立起文明。陆地上的岩石也蕴含着更多关于地球演化历史的信息。虽然海洋下面也有地壳，但这些地壳每过 2 亿～3 亿年就会循环一次，那些最为古老的地球演化信息早已消失不见。

通过研究岩石标本，可以研究大陆的形成史。中国最早的大陆岩石有约 40 亿年的历史，是高钠的花岗岩；最古老的沉积岩有近 38 亿年的历史，是沉积的砂岩和条带状硅铁岩。这些古老岩石折射出了地球早期的历史片段。但是，地球上陆壳岩石的形成可能会更早。2017 年，科学家在澳大利亚杰克山的沉积岩中发现了一种碎屑矿物，叫作锆石。通过同位素研究确定了它的年龄大约为 44 亿年，几乎伴随着地球的诞生而产生。锆石的地球化学特征表明，它们很可能是花岗岩中的矿物，后来经过风化剥蚀，被搬运并沉积到杰克山。如果真是这样，那么地球上的大陆地壳（或许只是小的陆核）有可能在 44 亿年前就形成了。依靠现有的证据，人们还无法确定大洋的形成时期，不知道最老的洋壳年龄是多少。地球究竟先有陆还是先有洋依旧是亘古之谜。

拥有 46 亿年历史的地球，在各个阶段都留下了很多谜团。目前，地质学家将从地球诞生到距今 40 亿年（另一种划分是 38.5 亿年）前的时期叫作“冥古宙”；从冥古宙的结束到距今 25 亿年前叫作“太古宙”；从距今 25 亿年前到 5.41 亿年前叫作“元古宙”；此后的时期便称为“显生宙”。大部分人熟悉的无疑是最后一个阶段，因为丰富的化石可以勾勒出地球生命演化的历程，从寒武纪的“生命大爆发”，到人类的诞生，都可找到足迹。

地球会永远宜居吗？

地球是太阳系中最“幸运”的行星。它是唯一有宏观水和氧气的星球，这些资源为万物生长提供了条件。此外，它还是唯一充分演化到现在状态的星球，唯一有生命、有林草树木的星球，也是目前已知唯一有高等动物的星球。

但地球并非“生来”就适合生命的

存活、繁衍。相反，在宇宙当中，不适合生命繁衍的天体才是常态。太阳系除了地球，还有3颗岩石结构的“类地行星”，以及一些体量与行星相差不大的大型卫星。但在这些天体上，都没有生命的痕迹。

金星和火星是地球的“邻居”，和地球也有相似之处，但它们都不适合生命存活。很多科幻小说都想象了人类移居火星的情景，而在现实生活中，移居火星也被认为是人类的未来之选。但事实上，想要让火星变得宜居，或者让人类能够在火星上生存下来，需要完成的工作远远超过在当下保护好地球的环境。

火星也有大气层，但是非常稀薄，只有地球的1%。与地球相比，火星地表接收到的阳光更少。这些条件使火星非常寒冷、干燥，平均表面温度只有–63℃。到目前为止，人类还没有在火星上找到有

○ 地球是目前已知的唯一有高等动物的星球

生命存在的证据，而这里的自然条件恐怕也无法孕育出高等生命。

金星是离地球最近的行星，在夜空中的亮度仅次于月球。这样的特点使古人很早就注意到了它。古罗马人将它称作“维纳斯”，也就是主管爱情的女神。中国古人则将它叫作“太白”，并且因为它在黎明前出现在东方天空，又将它称为“启明”；黄昏后出现在西方天空的金星则被称为“长庚”。然而，尽管蕴含着美好的祈愿，金星的环境却极为恶劣。它的地表温度可以达到 480℃以上，而且大气层的压力很大，还充满了硫酸。这样的行星显然不适合生命生存。

水星因为其独特的位置和运行轨道，人们对它知之甚少。

值得一提的是月球，它是地球的卫星，也是除地球之外，被人类研究得较为深入的天体。在分析宜居条件的时候，我们不妨把这颗巨大的球状卫星也当作行星来看待。但月球不会发光、发热，它的光芒全部来自反射的阳光，它也没有大气层，不能孕育任何生命。

月球的形成同样是天文学领域的一项未解之谜。有一种理论称为“地 - 月撞击”假说，该假说认为，在非常久远的史前时代，曾经有一个火星大小的天体撞击地球，而后它们又分开，小的就是月球，它围绕着大的地球运行，成了地球的卫星。

月球也拥有核、幔、壳的圈层结构，但是月球表面的样貌和地球表面的样貌有很大差别，遍布着大大小小的撞击坑。通过天文望远镜观测月球，发现的偏白色的部分是“陆地”，叫作斜长岩高地；偏黑色的部分是“洋”，是陨石撞击之后，

○ 月球照片上偏白色的部分是“陆地”，偏黑色的部分是“洋”

月幔熔融、岩浆喷发形成的低洼区域。这些撞击很多都发生在 30 多亿年前。那时的月球表面炙热，内部也蕴含着能量，像地球一样是“活”的星球。所以，陨石的撞击会诱发月幔部分熔融，并喷出玄武岩。但随着月球逐渐失去内能，走向“僵死”，陨石的撞击就只能形成陨石坑，而不会再产生新的玄武岩。

简而言之，月球跟地球有着亲密的关系，但它们的演化历史又不相同。月球不像地球那样拥有花岗岩质的大陆壳，也没有板块构造，它的演化历史就是由一次又一次的陨石撞击所构成的，后期的撞击坑会覆盖前期的撞击坑。在探测月球的时候，人们只要找到最年轻的陨石坑，采集到玄武岩样品，就可以通过年代学研究来了解月球是在何时“死亡”的，中国的“嫦娥五号”月球探测器就承担着这样的使命。“嫦娥五号”采集的月壤标本表明，月球大约在距今 20 亿年前“死亡”，也就是耗尽了几乎全部内能。

月球的现在也会是地球的未来。终有一天，地球也会耗尽它的内能，不再有地质活动，成为一颗“僵死”的行星，不再适合生命的存活与繁衍。但在这一天到来之前，我们的地球至少还有十几亿年处于适宜居住的时光和科学研究的时代。因此，虽然地球演化层面的变化是人类不能控制的，但是人类生活在地球上，人类活动对环境的影响是可以控制的。科学家意识到这一点后，创立了新的学科——人地关系学。在科学思想的指导下，认识地球，爱护地球，更好地利用地球，就成了所有地球人的共同责任。

互动问答

地球目前是我们唯一的生活家园，我们能为它做些什么呢？

宣传：加强地球科学的普及与宣传，提高环境和资源意识。

节约：节约资源，重视可再生资源，实现资源的循环利用。

治理：保护环境、治理环境，从我做起。

重要的是，知行合一、人人负责。每个人减少一点生活垃圾，地球就会大大减负。你还想到哪些呢？快来说一说吧！

张小曳：

中国工程院院士，应用气象专家，现任中国气象科学研究院研究员、博士生导师，曾任中国气象科学研究院副院长、中国气象局大气成分中心主任、中国科学院地球环境研究所副所长

雾 - 霾笼罩下的城市

张小鬼院士：遏制雾 - 霾，中国在行动

扫一扫，看专家讲座视频

近年来，雾 - 霾天气已经成为城市生活中难以回避的问题。浑浊的空气不仅会导致人们呼吸不畅，还会令人情绪低落。被大量使用的煤炭是导致雾 - 霾天气高发的最重要原因。随着中国逐步建立起煤炭清洁利用的全球最大规模的产业，以及通过能源转型降低煤炭等化石燃料在能源结构中的比例，相信未来我们会逐渐摆脱雾 - 霾的威胁。

雾 - 霾究竟是什么？

每当天气预报中出现“雾 - 霾”这个词，我们都会不由得紧张起来，因为它不同于阴晴雨雪的天气现象，它其中所包含的固体和液体粒子，被人体吸收后，会给人带来危害。

我们呼吸的空气并不完全是纯净的，其中总会含有一些颗粒物。在天气预报中不时会被提到的 $PM_{2.5}$，指的就是直径小于 2.5 微米的固体颗粒物，而直径小于 10 微米的气溶胶粒子则被称为 PM_{10}。除此之外，空气中还有很多以颗粒物为凝结核的小水滴。如果没有这些颗粒物存在于空气当中，那么大气中就不会形成小水滴（云雾滴）。当小水滴的尺寸增加到一定程度，就会形成降水。但是，绝大部分的小水滴是不会降落下来的，它们通常会与空气中的固体颗粒物一起，组成气溶胶。

空气中的气溶胶颗粒主要由 6 大类、7 种不同的化学物质组成。比如，气溶胶中的矿物气溶胶，主要来源包括干旱土地被风吹起的表土、没有覆盖的道路、建筑工地，以及没有充分燃烧的煤烟尘等。此外，海水溅沫过程中留下的盐类、不完全燃烧的油料和生物质产生的黑碳与一些有机碳，都会形成不同类型的气溶胶。

这些气溶胶叫作“一次气溶胶”，因为它们直接来自自己的排放源。与之相对的是“二次气溶胶”，就是排放的污染物是气体，在大气中发生化学反应后生成了其他的气溶胶颗粒。比如，烧煤会产生大量的二氧化硫，它们在大气中经过化学反应，会变成硫酸盐颗粒物。

○ 冬季，煤炭燃烧产生的煤烟尘和污染物是雾 - 霾军团的主要力量

又如，燃烧煤炭和油料等化石燃料会产生很多氮氧化物，它们在空气中被氧化后最终会变成硝酸盐颗粒物。由于硝酸盐和氮氧化物之间还存在热力学的平衡，所以，在一定条件下，已经是颗粒物的硝酸盐还有可能再度转化成含氮的气体。

而且，空气中还有很多的氨气，它们主要来自农业活动、畜牧业的畜禽所排放的粪和尿等。氨气进入空气中后，经化学反应会转化成对人体有害的氨盐。至于二次有机碳气溶胶粒子，则可能来自上百种具有挥发特性的含碳气体（被称为挥发性有机物），经过大气化学反应，最终成为二次有机碳气溶胶。

气溶胶粒子的人为排放源头主要有4个，分别是燃烧化石燃料、燃烧生物质、改变土地覆盖情况，以及来自涂料、印染等化工行业的挥发性有机物排放。

化石燃料指的是煤炭、石油和天然气，其中，燃烧煤炭会排放出比较多的对人体有害的二氧化碳，而释放出的氢相对较少，所以，煤炭通常被认为是一种污染性较大的燃料。而在化石燃料中，

○ 饲养家禽会产生氨气

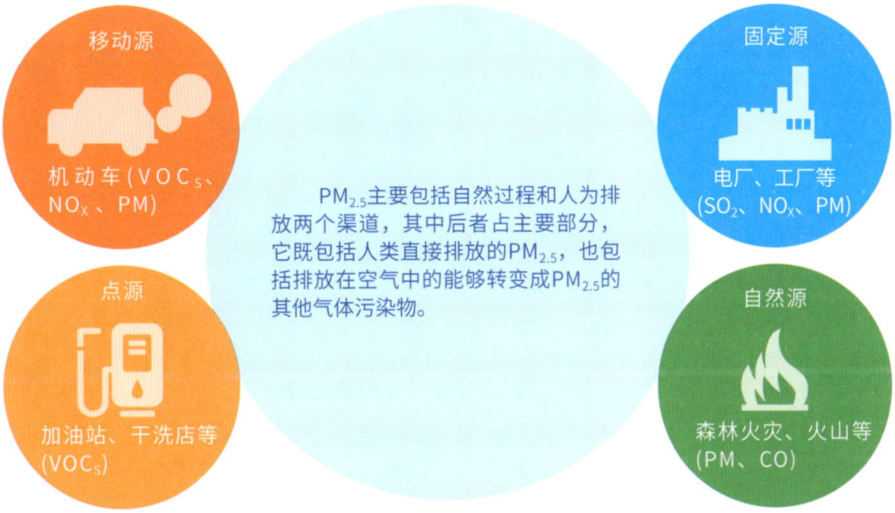
移动源
机动车(VOCs、NOx、PM)
$PM_{2.5}$主要包括自然过程和人为排放两个渠道，其中后者占主要部分，它既包括人类直接排放的$PM_{2.5}$，也包括排放在空气中的能够转变成$PM_{2.5}$的其他气体污染物。
固定源
电厂、工厂等(SO2、NOx、PM)
点源
加油站、干洗店等(VOCs)
自然源
森林火灾、火山等(PM、CO)

○ $PM_{2.5}$ 的主要来源

天然气被认为是相对清洁的燃料，因为它的主要成分是甲烷，氢的含量更高一些。

燃烧生物质包括若干种情况，如森林大火这样的自然火灾，以及农村秸秆焚烧这样的人为燃烧等。土地覆盖情况改变，指的是城镇化过程中导致的植被覆盖改变。而印染、涂料等化工行业的生产过程，以及使用这些行业的产品的过程，比如，装修房屋时的喷漆环节，也会人为产生大量具有挥发性的含碳气体。

除了4个人为的排放源头，气溶胶粒子还有3个主要的自然排放源头，分别是自然界中裸露的地表、来自海洋海水溅沫的盐类，以及自然植被产生的大量挥发性有机物。所有的气溶胶粒子，无论是干气溶胶还是湿气溶胶，抑或没有气溶胶形成不了的小水滴，都会影响能见度。如果因为气溶胶粒子的增多使能见度水平低于了10千米，那么我们就将这样的天气称为“霾”；如果因为空气中的小水滴增多，使能见度水平在1～10千米，则称为“轻

○ 森林火灾会燃烧生物质，产生大量的含碳气体

○ 西湖的雾 - 霾

雾”；如果因为空气中的小水滴进一步增加，使能见度低于1千米，则称为“雾”。

由此，我们知道了，雾和霾其实是两种不同的天气现象，且形成的原因都和气溶胶粒子有关。但或许人们不知道的是，雾和霾在一天中的不同区域所占的比重会有所不同，且可以相互转化。例如，当空气中的湿度较大时，由气溶胶粒子凝结而成的云雾滴变多，那么空气中雾的情况就比较多。而当空气湿度较小时，干气溶胶粒子增多，霾就比较多；当空气湿度由小变大时，一些干气溶胶粒子就会吸水、变大，进而转化为凝结核，产生云雾滴，此时霾便会向雾转化。而当空气湿度由大变小时，雾也会向霾转化。

现今的雾 - 霾已经不是完全的自然现象了

现今，我们在日常生活中见到的大部分雾 - 霾已经不再是完全的自然现象，它们的形成多少受到人类活动产生的气溶胶污染的影响。从20世纪80年代开始，中国经历了经济的高速发展期，工业与城市的急速成长带来了对能源的巨大需求。而中国又以燃煤作为主要的能源来源，因而过量燃烧煤炭这种“不清洁能源”，是中国雾 - 霾天气日趋严重的主要原因。

名师讲堂：

风景区的雾是如何形成的？

我们常常在旅游指南上看到名山间萦绕着雾气，这种雾气常常被认为是景区魅力的一部分。远离人烟的风景区虽然很少受到污染，但其拥有的丰富的植被会释放大量挥发性有机物，形成云凝结核，水汽超过饱和状态便凝结为雾。相比于污染严重的城市，风景区的雾通常不会让人感到不适。

燃烧煤炭不仅会产生大量的二氧化碳，还会产生大量的气溶胶“前体物”。具体来说，燃烧煤炭排放的最主要污染物是二氧化硫，而污染物氮氧化物的源头也有将近一半可以追溯到燃烧煤炭。此外，燃烧煤炭还会导致大量的有机碳被排放到空气中。

○ 燃煤不但会产生二氧化碳，还会产生二氧化硫

名师讲堂：

一次能源与二次能源

按照能源的基本形态，我们可以把能源分为一次能源和二次能源。一次能源也叫天然能源，指的是在自然界中原本就存在的能源，如煤炭、石油、天然气、水能等。二次能源指由一次能源加工转换而成的能源产品，电能就是现代社会中最常见的二次能源。

2013 年，中国开始治理雾 - 霾天气，减少煤炭的使用量。当时，在中国消耗的一次能源中，有 67% 左右是煤炭。如今，经过不到 10 年的努力，我们已经将这个比例降低到 60% 以下。到 2030 年，煤炭在一次能源中的消耗比例有望低于 50%。经过这些年的治理，我们也可以直观地感受到，雾 - 霾天气确实已经少了很多。

如果将观察停留在 2013 年这个时间节点上，将中国和美国对煤炭的利用强度进行对比，结果会更加触目惊心。1980 年，刚刚开始改革开放的中国，全年消耗煤炭约 4.4 亿吨。同一时期，美国的煤炭消耗大约是 7.8 亿吨，约是中国消耗煤炭的两倍。到 2013 年，中国全年消耗的煤炭已经增长到 25 亿吨，美国则依然基本维持在八九亿吨，中国消耗的煤炭约是美国的 3 倍。但需要注意的是，中国所消耗的 25 亿吨煤炭，绝大多数是在胡焕庸线以东，即是在约占国土面积 1/3 的中东部地区被消耗掉的。由于中国和美国的领土面积相差不大，可以说，中国在相当于美国领土面积 1/3 的区域里消耗了 3 倍于美国的煤炭。这意味着中国的煤炭消耗强度是美国的 9 倍！所以，在 2013 年的时候，北京市的 $PM_{2.5}$ 浓度（年均值为 89 微克每立方米）是美国 $PM_{2.5}$ 浓度（年均值为 10 微克每立方米）的 9 倍，也不足为奇。

如果说燃烧大量的煤炭是导致雾 - 霾天气频发的最主要原因，那么全球气候变暖对雾 - 霾变化的影响又有多大呢？这个问题的答案是，全球气候变暖对雾 - 霾的形成虽然有一定的影响，但这种影响是有限的，现在看来还不及燃烧煤炭等人为排放增加的影响大。而且，

○ 经过治理，雾 - 霾天气在减少

名师讲堂：

胡焕庸线

1935年，中国地理学家胡焕庸提出，如果在位于国土西南的腾冲县（今天的云南省保山市下辖的腾冲市）与位于国土东北的爱珲县（àihuī，今天的黑龙江省黑河市的一部分）之间画一条直线，就可以直观地反映中国的人口分布规律。这条直线与地球赤道大体呈45°，在它的东面仅占中国领土面积36%的土地上，集中了全国96%的人口。直到今天，中国的人口分布规律与当年相比，并没有特别大的变化。所以说，中国的领土面积虽然辽阔，但能够提供舒适居住环境的土地只有胡焕庸线以东略超过1/3的范围。

我们甚至可以计算出这种影响的程度。

统计数据表明，自20世纪50年代以来，人类活动的影响已经超过自然因素成为导致气候变化的主要因素。因此，气象学家试图探寻，究竟哪些天气现象和全球气候变暖密切相关。比如，极端的寒潮和导致大规模洪灾的暴雨，其背后都与全球气候变暖有着不同程度的联系。雾-霾天气与全球气候变暖的关系自然也被气象学家纳入了研究的范畴。

分析这个问题的突破口是找到某种与全球气候变暖直接相关的气象要素的变化。经过研究，气象学家发现，全球气候变暖会使大气层的上层相较于下层变得更暖，即上层的增温幅度会大于下层的增温幅度。

一般来说，随着海拔的上升，气温会按照一定比例下降，就像我们登山时会发现山顶比山下冷一些一样。但现在，因为全球气候变暖，使大气的上层和下层之间的温差缩小，导致空气相对稳定一些，边界层的高度相对下降了一些，使污染物在一个相对更小的空间混合、污染的程度增强。但对北京地区自20世纪60年代以来，$PM_{2.5}$增加了约2.6倍的这个增幅的研究中发现，只有约30%的$PM_{2.5}$的增加是来自全球气候变暖的贡献。这说明在中国气溶胶浓度增加的进程中，全球气候变暖有一定的贡献，但没有起到主导作用。相比于此，人类活动排放气溶胶带来的影响更大。

在没有风的时候，我们会觉得雾-霾天气格外难熬，这实际上可以归因于雾-霾形成并不断恶化后与不利天气条件之间的一种“恶性循环”。当北京遭遇秋冬季吹南风且区域上空气团较为稳定的不利气象条件时，边界层的高度只有通常的约60%，气溶胶在相对较小的空间混合，出现了污染累积的现象；而随着气溶胶污染物的累积，大量的太阳辐射被反射回空间，导致地面和气溶胶所在的位置变冷，出现了逆温和逆温加强、湿度增加的现象，使得湍流进一步变弱，边界层高度进一步降低，污染物向上的扩散进一步减弱，最终导致地面的污染增强。这种由不利气象条件叠加污染物累积形成的污染，只有在风向转变时才能得到缓解。

中国出手遏制雾-霾

如何防治雾-霾是中国面临的一项重要挑战。因此，中国需要进行能源转型。具体做法是，在化石燃料方面，用

○ 人类活动排放的气溶胶导致全球气候变暖

相对清洁的天然气取代煤炭，同时着手开发更多的非化石能源。

也因此，中国政府非常重视进口石油和天然气的渠道，包括管道运输系统和通过马六甲海峡的油轮运输。中国虽然拥有丰富的煤炭资源，但也深知享用这份资源的代价。既然我们缺乏石油和天然气，那么当前依靠进口补足缺口，远期开发新能源取代化石燃料，便成为一项深谋远虑的国策。

在天然气和非化石能源可以接手之前，中国已经打造了全世界最大的清洁使用煤炭的产业。在中国目前消耗的煤炭中，有一半是用来发电的。但需要指出的是，在所有这些电煤当中，有 85% 可以被清洁地利用，并将产生的污染物降低到超低的程度。至于另一半中的 3/4 则用在了工业上，如钢铁工业，但也在同样致力于减少污染，乃至为此淘汰了一些落后的产能；其余的用在民生方面的散煤的使用量也在不断减少。

○ 淘汰落后产能，大量使用煤炭的行业也在努力将污染降到最低

○ 雾 - 霾预警等级分三级，分别用黄、橙、红三色表示中度霾、重度霾和严重霾

除了对能源使用的转型的长期考虑，当下，限制那些高排放的机动车也是一项重要的雾 - 霾防治举措。在中国，虽然机动车不是导致雾 - 霾天气的最主要的原因，但也是一个重要的污染源。对此，通过加装三元催化器和改善油品质量等举措，已使机动车的排放标准趋于欧洲等发达国家。此外，建筑工地使用的非道路工程机械，物流业等使用的大型柴油车，还有农田使用的农用机械与农用车辆，其排放的尾气等的污染也不容忽视，同样需要及时加以治理。还有，在进行工程建设的时候，挖开的沟渠和裸露的土地也要及时覆盖，以大幅降低一次气溶胶的排放量。

为了让公众更好地了解和应对雾 - 霾天气，中国开发了雾 - 霾数值预报系统，可以提前 9 天预报各种气溶胶粒子的浓度和演变情况，比如，聚集和被稀释的可能性，以及导致的雾 - 霾对能见度的影响。经过大力整治，雾 - 霾天气对民生的影响正在变得越来越小。

名师讲堂：

巨型货轮，难以忽视的污染源

自从集装箱发明以来，世界各国越来越倾向于通过海路运输时间性不太强、价值也不算太高的大宗商品，如服装、瓷器、加工食品、布偶玩具等。集装箱和相应的理货、运输系统，让人们可以方便地装卸这些货物，并将它们送往目的地。为了降低单箱的运输成本，集装箱货轮被建造得越来越大，但仍然难以满足巨量的海运需求。

○ 货轮也是污染源

根据联合国2018年发布的报告，海运贸易是全球经济的主干，它承载了80%的全球贸易量。但在促进全球经济发展的同时，全球海运业排放的温室气体竟堪比世界大国的排放量。早在2015年，全球海运业每年所排放的温室气体就已经超过了德国的排放量，与日本的排放量相当。这就是说，如果将全球海运业看作一个国家，那么它的温室气体排放量已经位列全球第六。不完全燃烧的重油，不仅会产生大量的温室气体，还会排放有机碳等其他污染物。但对于这个难以忽视的污染源，人们除在它靠岸的时候强制其更换更清洁的燃料，并尽量使用口岸的电力外，暂时还没有太好的应对方案。

互动问答

作为青少年的我们能为减少雾-霾天气做些什么？

气溶胶是雾-霾形成的核心要素，要想减少雾-霾，就要降低空气中的气溶胶含量。具体如何做呢？我们可以从气溶胶产生的因素入手。在众多产生因素中，人为因素的可控性更强，所以，减少化石燃料燃烧、生物质燃烧，减少涂料印染的化工污染，以及增加土地植被覆盖面积等是很不错的方法。

作为青少年，可以尽力做到以下几点：

1. 在出行时选择公交车、自行车等绿色出行方式。
2. 不焚烧垃圾。
3. 不破坏植物，有机会多种树。
4. 坚决不吸烟，也劝解大人不抽烟。
5. 节约利用资源，如纸张、一次性餐具等。

如果以上行为每条一分，你能得几分呢？

康乐：

中国科学院特聘研究员、中国科学院院士、美国国家科学院院士、发展中国家科学院院士、欧洲科学院院士、非洲科学院院士。2011 年获何梁何利生命科学与技术进步奖，2013 年获美国昆虫学会国际杰出科学家奖，2015 年获谈家桢生命科学成就奖，2017 年获国家自然科学二等奖、中国科学院杰出科技成就奖，2021 年获国际化学生态学会西弗斯坦 - 西蒙尼奖

○ 蝗虫在贪婪地啃食植物

康乐院士：蝗虫群聚的奥秘

扫一扫，
看专家讲座视频

过去，作为一个古老的农业大国，中国人对直接影响农作物收成的蝗灾充满了恐惧，但也拥有十足的斗争经验，古代史书上就记载了姚崇运用科学手段遏制蝗灾的故事。现代科学则致力于揭示蝗灾形成的机制，最新的研究成果揭示了蝗虫结群后行为改变的原因。这项研究也为治理蝗灾提供了新的突破口，那就是利用生物信息素来操纵蝗虫结群，从而将蝗灾遏制在萌芽状态。

蝗虫相伴人类文明

自从人类进入农耕时代，“蝗虫”就总是和“蝗灾”联系在一起。因为聚集在一起的蝗虫会迅速毁灭大片农作物和牧草，并由此引发饥荒和社会动荡。在世界各地，几乎有农田和草场的地方，就有可能发生蝗灾。在非洲、欧洲南部、南美洲，澳大利亚、美国及中国，都发生过大规模蝗灾。

在古代，人们缺少有力的遏制蝗灾蔓延的手段，因而对蝗灾充满了恐惧和无力感。在此情况下，人们只能寄希望于迷信活动。在中国很多地方都有“蝗虫庙”，人们会在蝗灾爆发时祈求天神，希望上天能帮助人类控制蝗灾。有时，人们会使用非常原始的手段来控制蝗灾，如火烧、水淹、挖沟填埋，以及利用蝗虫的趋光性来引诱它们，再集中人力扑杀。作为一个农耕历史悠久的农业大国，中国早在两千多年前就设立了专门治理蝗灾的机构，史书上也留下了大量关于人们治蝗、灭蝗的记录。

○ 中华剑角蝗

名师讲堂：

姚崇灭蝗

公元 715 年（唐玄宗开元三年），山东发生了大规模蝗灾，蝗虫多得连绵成片，飞起来像乌云一样遮天蔽日，所到之处农田损失惨重。面对灾难，地方官员认为蝗虫是“神虫”，百姓需要烧香祈祷，而不能去捕杀。地方官员倪若水甚至写奏折给唐玄宗，宣称：“蝗虫是天灾，不是人力能够消灭的。皇上应该多做有德行的事，只要感动了上天，上天一定会把蝗虫收回去。”

宰相姚崇对这些愚昧无知的言论和行为极为不满。他认为，如果不积极治理蝗灾，必然会引发大规模饥荒，导致社会动荡。因此，他宣布，如果灭蝗导致上天降灾，就由他一人承担。而后，他命令百姓夜间在地头点起火堆，利用蝗虫有趋光性的特点引诱它们，以便集中扑杀。不过，要在火堆旁事先挖掘大坑，以便边打边烧，将蝗虫就地掩埋。人们运用姚崇的方法，仅在汴州一地就消灭了 14 万担蝗虫，成功阻止了一场可能发生的饥荒。姚崇也因为勇于破除迷信，积极动手消灭蝗虫，获得了“救时宰相”的美称。

你能找到图中的中华剑角蝗吗？

直到今天，蝗灾仍然是威胁农业生产的一道世界性难题。2020 年冬和 2021 年春、夏，源于东非索马里和埃塞俄比亚等地的蝗灾向周边国家扩散，并跨过红海侵袭了阿拉伯半岛，最后又扩散到印度和巴基斯坦等地。这次的蝗灾源于著名的沙漠蝗，在历史上，它们往往在非洲、阿拉伯半岛和南亚引发严重的灾害。另一种蝗灾便是中国古书上常常提到的“飞蝗”。这种蝗虫有可能出现在东半球任何一个适合农业种植和生产的地方，当然也包括古代的中国。从西北地区（今天的新疆维吾尔自治区）到华北、东北地区，再到南方的海南省和广西壮族自治区，甚至在西藏自治区，飞蝗都引发过严重的灾害。

蝗虫为何能够群聚并形成灾害？直到 20 世纪初，人们才开始了解蝗虫群聚的机制。1920 年，格鲁吉亚生物学家

飞蝗

鲍里斯·彼得洛维奇·尤瓦洛夫迁居英国伦敦，开始集中精力研究曾经思考的一个问题：群聚并造成灾害的飞蝗虫与散居的蝗虫，为什么看上去似乎有些不一样？经过研究，他在 1921 年证实，尽管外貌和习性差别巨大，但群聚和散居的蝗虫其实是同一个物种。或者说，蝗虫在不同的环境下，会表现出散居型和群居型这两种生态型，而后者会导致蝗灾。他猜想，气候和植被或许是促使飞蝗“摇身一变”的那把关键的“钥匙”，但这一猜想当时没有被证实，也没有被证伪。

在尤瓦洛夫之后的三四十年间，动物学家们虽然没有找到那把促使蝗虫发生生态型转变的“钥匙”，但却证实了飞蝗可以在两种生态型之间转化。即如果达到一定数量，散居型蝗虫就会转变为群居型蝗虫。但如果灭蝗措施得力，降低蝗虫的密度，那么群居型蝗虫又会转变为散居型蝗虫。而且，危害性极大的沙漠蝗等 10 余种蝗虫都有这一特点，但是并非每种蝗虫都会发生这样的转化。

蝗虫携带的“化学武器”

人们对导致蝗虫群聚的机制给出了种种猜想，如食物、产卵空间、太阳活动，以及尤瓦洛夫曾经提到的气候因素。

○ 群居型蝗虫

直到20世纪70年代，化学生态学的发展才使人们意识到，昆虫可以通过信息素（激素）传递丰富的信息。既然如此，蝗虫生态型的转化很可能就是由信息素控制的。

顺着这个方向，生物学界又进行了持续数十年的探索，想要弄清楚促使蝗虫生态型转化的物质究竟是什么。对沙漠蝗的研究表明，群居型蝗虫会释放大量的挥发性化合物苯（běn）乙腈（jīng），而散居型蝗虫几乎不合成苯乙腈。因此，人们曾经猜想，苯乙腈就是那种让蝗虫群聚的信息素，使低密度的散居型蝗虫倾向于聚集在一起。

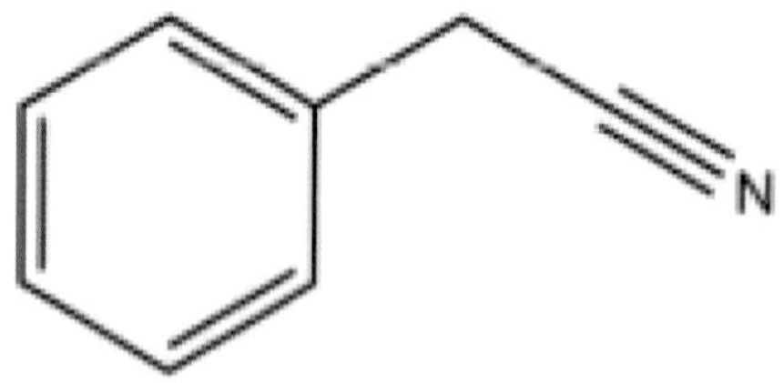

○ 苯乙腈

但飞蝗的群聚是不是也遵循同样的机制呢？不可否认，群居型飞蝗也会释放苯乙腈，因此生物学界曾经推论，飞蝗的群聚应该也是由苯乙腈来主导的。为了弄清楚使飞蝗群聚的机制，我的研究团队大约从2016年起，就开始对飞蝗释放的所有化学物质进行有针对性的分析研究。

结果显示，飞蝗总共会释放大约35种不同的化合物。在这些化合物中，只有群居型蝗虫会释放苯乙腈和4-乙烯基苯甲醚（mí），散居型蝗虫则不会。所以，这两种物质中的某一种，一定是导致飞蝗群聚的信息素。

研究的第一步是重复实验。我们发现，苯乙腈的浓度会随着蝗虫群聚与否而迅速变化。或者说，当蝗虫群聚在一起的时候，苯乙腈的浓度会迅速上升；但当蝗虫转变为散居型之后，苯乙腈的浓度就会迅速下降；如果人为强行把很多散居型的蝗虫聚集在一起饲养，那么它们又会迅速发生向群居型转化的生态，苯乙腈的浓度会快速上升。这些实验至少可以证明，苯乙腈是一种能够对蝗虫的种群密度做出响应的化合物。但这些实验并不能证明苯乙腈就是导致蝗虫群聚的信息素。

事实上，在研究沙漠蝗的生物学家看来，将苯乙腈视为引起蝗虫群聚的信息素的观点似乎也不那么完善。有一些研究认为，苯乙腈或许是蝗虫在群聚状态下，雌雄之间相互联系的信息素，或者是一种对蝗虫交配起限制作用的信息素。

为了弄清楚苯乙腈在蝗虫的生活中究竟起到什么作用，我们做了更为详细的研究。蝗虫是不完全变态昆虫，从卵中孵化之后，会经过不同的若虫阶段，

名师讲堂：

昆虫的变态：完全变态

一部分昆虫的发育要经过卵、幼虫、蛹、成虫 4 个时期，我们熟悉的蚕就是如此。通过吃桑叶存活的蚕是蚕蛾的幼虫，它们吐丝结茧后，在茧中将自己变成粥状，再在遗传物质的引导下，重新拼合成为成虫，而成虫的外表和食性都和幼虫有很大不同，这个过程被称为“完全变态”。

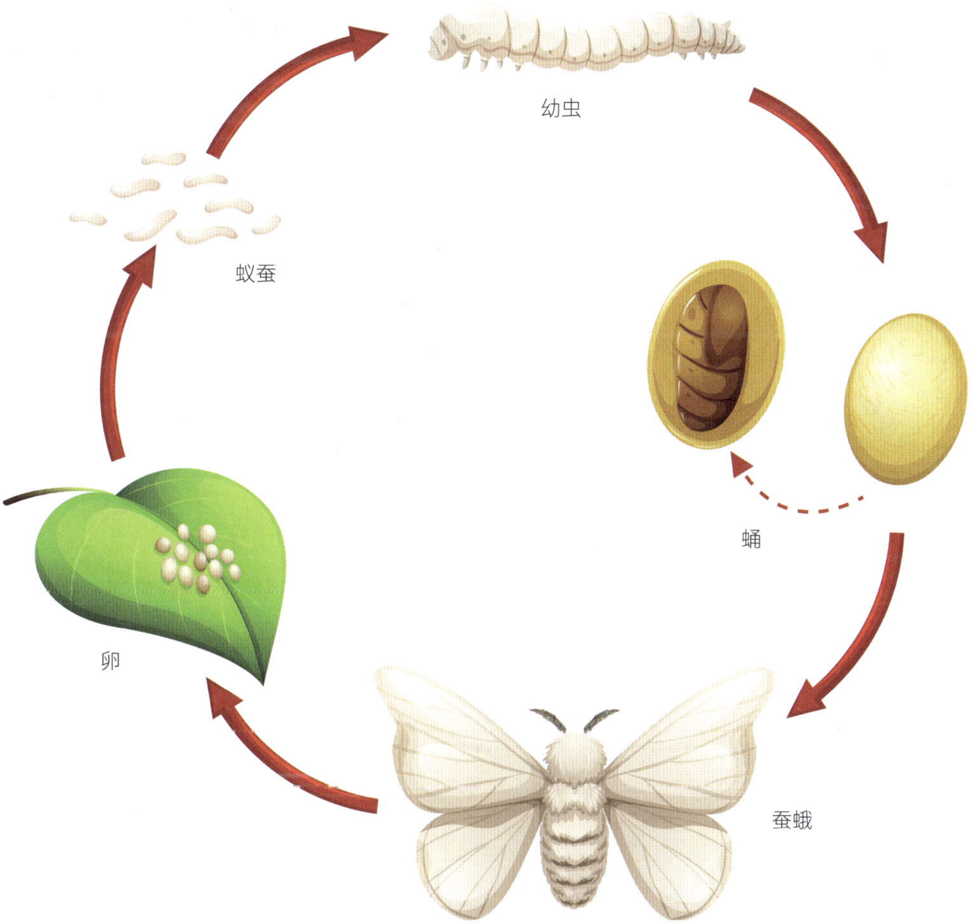

○ 蚕的完全变态发育过程

名师讲堂：

昆虫的变态：不完全变态

另一些昆虫，它们从卵中孵化后，便是外表和生活方式都与成虫大同小异的若虫。若虫经过若干次蜕皮后发育成成虫，每次蜕皮被称为一个龄期，这样的发育过程被称为“不完全变态”。蝗虫、蝉等就是典型的不完全变态昆虫。

○ 蝉也是不完全变态昆虫，每蜕皮一次就是一个龄期，最后一次蜕皮就变为成虫

直到成为成虫。我们发现，在群居型蝗虫当中，从一龄若虫直到五龄若虫，随着龄期的增长，苯乙腈的释放量会逐渐增长，而且雌雄之间没有差别。所以，苯乙腈与蝗虫繁衍后代无关。

再看苯乙腈在生物体上的分布。我们发现，苯乙腈在蝗虫体内的含量并不多，而且主要集中在头部、前胸背板和后腿。在一个行为测定空间里人为释放苯乙腈的时候，蝗虫其实更倾向于躲避苯乙腈的释放源头。所以，蝗虫并不会被苯乙腈吸引，但它们确实又在释放苯乙腈。这使我们猜想，苯乙腈是否发挥着防御的作用，可以帮助蝗虫驱走它们的天敌。

飞蝗最主要的天敌是大山雀，这种鸟类的分布范围与飞蝗的分布范围完全重合。当我们将正在释放苯乙腈的黑色群居型蝗虫和没有释放苯乙腈的绿色散居型蝗虫同时摆在大山雀面前时，它一定会选择后者。而后，我们在散居型蝗虫身上涂了苯乙腈，再和没有涂抹的散居型蝗虫一起给大山雀选择，它也能识别出没有苯乙腈的蝗虫，并且吃掉它。由此我们可以证明，大山雀选择散居型蝗虫而不选择群居型蝗虫，与颜色无关，而与苯乙腈直接相关。

运用现代基因工程技术，我们已经能够得到无法合成苯乙腈的群居型蝗虫。当我们将它和正常的群居型蝗虫一起喂给大山雀时，大山雀一定会选择前者。这进一步证明，苯乙腈可以为蝗虫提供保护，使它成为天敌厌恶的食物。

由此我们可以推想，散居型蝗虫的体色是绿色的，这是一种保护色，使它们与植物融为一体，但群居型蝗虫体色变黑，无法在植物中掩藏自己，因此它们选择用化学物质来保护自己。当它们遭受攻击时，会立即将苯乙腈在体内转化为剧毒的化合物氢氰（qíng）酸。氢氰酸的毒性会让鸟类头晕眼花，甚至呕吐，从而放弃捕食。基于此，我们又做了进一步的实验，为散居型蝗虫注射苯

○ 黄腹山雀（大山雀其实跟麻雀一样大）

乙腈，发现它也可以在受到攻击的时候将苯乙腈转化为氢氰酸。由此可以证实，苯乙腈是群居型蝗虫的一种“警戒化合物”和毒物的前体，可以吓退天敌，让自己免于被捕食。

探索蝗虫群聚的机制

既然排除了苯乙腈是群聚信息素的可能性，那么4-乙烯基苯甲醚是否是导致蝗虫群聚的信息素呢？行为学额定试验证明，这种物质可以让蝗虫吸引同类，而且无论蝗虫的密度如何，4-乙烯基苯甲醚都呈现出明显的吸引性，对散居型蝗虫的吸引也是如此。而且，随着蝗群的增大，4-乙烯基苯甲醚的浓度也会增加，并且制造更为强大的吸引力。这种物质对于不同性别、不同年龄段的蝗虫，都具有相同的吸引力。

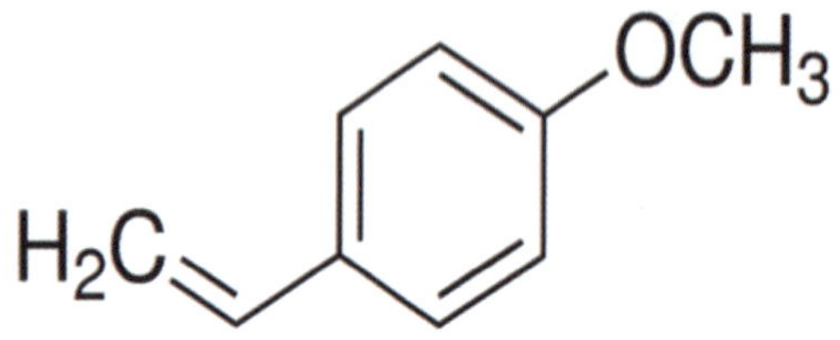

○ 4-乙烯基苯甲醚

散居型蝗虫基本不会释放4-乙烯基苯甲醚，它们的粪便里也没有这种化合物。但只要将5只散居型蝗虫饲养在一起，它们就会立刻开始释放这种物质。所以说，5只（有时是4只）蝗虫聚在一起，是开始释放4-乙烯基苯甲醚的种群密度“门槛”。散居型蝗虫转化为群居型，也从这一刻开始。

蝗虫的触角相当于“鼻子”，上面有上千个感受器，能够接收到这些信息素和不同类型的外界信号。研究发现，在4-乙烯基苯甲醚出现的时候，蝗虫的触角会感受到它，并且导致神经性的反应。运用基因工程，可以培育出感受不到4-乙烯基苯甲醚的蝗虫。在实验中，这些基因改造后的蝗虫因为无法感受到4-乙烯基苯甲醚而无法转化成群居型，从而证明4-乙烯基苯甲醚就是导致蝗虫发生生态型转化的信息素。

接下来，我们需要验证4-乙烯基苯

○ 蝗虫的触角上有上千个感受器

甲醚可否引来远处的蝗虫，使它们加入蝗虫群。引诱装置是含有4-乙烯基苯甲醚的塑料小管和粘虫板，如果蝗虫被吸引，就会被粘虫板粘住。经过一夜时间，这个粘虫板上粘有不少蝗虫。而在天津市滨海新区的北大港湿地重复进行的试验中也得到了同样的结果。事实上，我们选择在北大港湿地进行重复试验，是因为那里是中国蝗灾的源头之一。这个试验说明，4-乙烯基苯甲醚也能够将野生的蝗虫吸引过来。

发现导致蝗虫群聚的机制，将为人类对抗蝗灾提供有力的武器。如今，运用有机化学的方法，人们已经能够人工合成4-乙烯基苯甲醚。因此，我们可以将实验装置放在田间，去监控蝗虫的动态，看密度是否达到需要动手防治的程度。

不仅如此，利用人工合成的群聚信息素，农业部门可以在蝗灾真正来临时，制造出一条诱捕带，把蝗虫聚拢到一个比较狭小、又不太容易影响其他作物的区域里，而后在这里喷洒高浓度的农药，在减少对环境危害的情况下，将蝗虫集中消灭。

未来，我们还可以研制针对4-乙烯基苯甲醚的拮抗剂，也就是某种能让蝗虫的触角感受不到4-乙烯基苯甲醚的新概念农药，这会使蝗虫无法转化为群居型，也就无法聚集在一起。这种新概念农药对环境的影响无疑会小于依靠毒杀起效的普通农药。我们甚至可以有意大量培育经过基因改造，无法感受到4-乙烯基苯甲醚的蝗虫，将它们大量释放到自然界，使它们在蝗虫种群里占有越来越大的比重。当这些经过基因改造的蝗虫足够多的时候，它们的存在也会稀释

○ 被引诱装置吸引的蝗虫

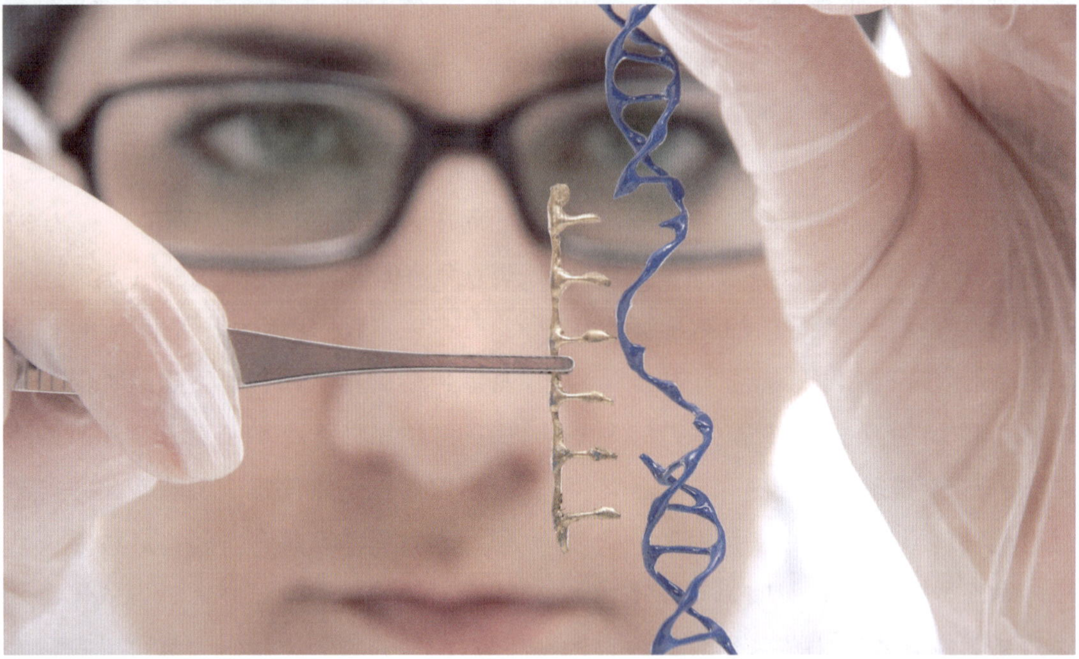

○ 基因工程示意图

“正常”释放4-乙烯基苯甲醚的蝗虫，使蝗虫群难以形成。

目前，世界上大约有10种蝗虫具有群居型和散居型相互转化的能力。在尤瓦洛夫证实群居型和散居型蝗虫是同一个物种之后，研究人员发现4-乙烯基苯甲醚是导致蝗虫群聚和发生生态型转化的关键，使人类对蝗虫的了解更进了一步。如今，生物学研究已经进入基因和分子的层面；相应地，对蝗虫生态型转变原因的分析也深入信息素与蝗虫的接触机制的研究上，并找到了阻断蝗虫发生生态型转变的有效方法——改变蝗虫的基因序列。将这种方法用在那些常常受到蝗灾影响的国家和地区（如非洲），必将为他们带来新的希望，同时也将能够拯救千千万万人的生命。

○ 遏制蝗灾后，粮食产量大幅提升

互动问答

你能总结出几种预防蝗灾的方法？

预防蝗灾的原始方法

原理 1	利用蝗虫的趋光性
手段 1	在夜间利用光源把蝗虫集中吸引过来进行扑杀
原理 2	利用食物链的生克关系
手段 2	蝗虫的天敌多为鸟类和蛙类，如飞蝗的天敌是大山雀。保护这些动物也是预防蝗灾的方法

预防蝗灾的现代方法

原理	蝗虫被 4- 乙烯基苯甲醚吸引
手段	人工合成 4- 乙烯基苯甲醚吸引蝗虫，将蝗虫集中起来消灭

预防蝗灾的未来方法

原理	让蝗虫无法识别 4- 乙烯基苯甲醚，从而无法转化为群居型
手段	（1）制造新概念农药，抑制蝗虫触角对 4- 乙烯基苯甲醚的感知 （2）利用基因工程改变蝗虫的基因序列，使其无法识别 4- 乙烯基苯甲醚，并将这类蝗虫释放到自然界中，使其在蝗虫中所占的比例越来越大

裘锐：

北京自然博物馆助理研究员

○ 恐龙生活场景示意图

袭锐：走进恐龙世界

扫一扫，
看专家讲座视频

地球拥有46亿年的漫长历史。自从生命出现在地球上，这颗星球就变得丰富多彩。在人类出现之前的地球上，形形色色的恐龙占据着霸主的地位。第一批恐龙出现在距今2.25亿年前的三叠纪晚期，并迅速成为地球的主宰；到距今6500万年前的白垩纪晚期，“恐龙时代”宣告结束。但恐龙并没有灭绝，一支小型肉食恐龙演化成了鸟类，至今仍然与我们相伴。

46亿年史话

在距今大约41亿年前，地球上出现了第一批生命痕迹。到了大约38亿年前，生命出现了一项重要的演化，那就是光合作用。地球上第一批能够进行光合作用的生物叫“蓝藻”。从蓝藻诞生开始，地球大气中的氧气含量逐渐增加。

直到6亿年前，地球上出现了多细胞动物。到了距今大约5.42亿年前，也就是寒武纪初期，地球上突然生命“大爆发”。虽然古生物学家还没有完全弄清楚当时的细节，但可以确定的是，今天生物分类中所有“门”一级的单位，在很短的时间里就都陆续出现在了地球上。而在所有这些生命中，最为著名的便是脊索动物门，人类和许多我们熟悉的脊椎动物都是脊索动物门之下的脊椎动物亚门。

在中国，古生物学家发现了一些早期的脊椎动物化石，如在云南省发现的昆明鱼，就把人类所知的脊椎动物出现的时间向前推进了大约 4000 万年。到距今 4.4 亿—4.1 亿年前的志留纪，出现了有上下颌的鱼类，这意味着鱼可以用嘴和牙齿来啃咬，拥有更为广阔的食谱。

随后，大约在泥盆纪时期，第一批脊椎动物登上了陆地，演化出两栖动物。接下来的石炭纪，有一些脊椎动物开始长出鳞片，并产下羊膜卵，它们就是最早的爬行动物。像青蛙这样的两栖动物，必须依靠水才能产卵繁衍后代。卵在水中孵化成用鳃呼吸的蝌蚪，蝌蚪再逐渐变成青蛙，相当于把祖先的登陆过程再走上一遍。羊膜卵则可以用硬壳和羊水为卵中的胚胎营造一个不需要水的成长环境，这就使能够产下羊膜卵的动物可以挺进内陆。

到了中生代，一些原本生活在陆地上的爬行动物，在三叠纪选择重返海洋。而在三叠纪晚期，世界上出现了第一批恐龙。到了侏罗纪，恐龙开始扩散到地球各处，成为地球的主宰；它们也演化出一些体形巨大的成员，如梁龙、腕龙和中国的马门溪龙等沉重的蜥脚类恐龙。我们熟悉的体形巨大的掠食者霸王龙（雷克斯暴龙）则生活在白垩纪晚期恐龙统治地球的时代快要结束的时候。

名师讲堂：

生物分类

目前，世界上的所有生命都按照“界－门－纲－目－科－属－种”的阶序进行分类。比如，所有的动物都归属于“动物界”，其下又划分为多个“门”。生活中常见的蟑螂和蜗牛便分别属于节肢动物门和软体动物门。而每个“门”之下又划分为多个“纲”，如节肢动物门就包括昆虫纲，蛛形纲（蜘蛛与蝎子），软甲纲（虾、蟹、虾蛄）等。世界上的大部分动物种类都来自昆虫纲。

恐龙的意思是“恐怖的蜥蜴”，最早出现在距今约 2.35 亿年前的三叠纪晚期

根据已发现的古猿和古人类化石材料，最早的人类可能在距今约 400 万年至 300 万年前出现

鱼类是最古老的脊椎动物，最早的鱼类出现在距今约4亿年前的泥盆纪，泥盆纪也称“鱼类时代”
在白垩纪—古近纪大灭绝事件之后，哺乳类动物成为地球的主宰

○ 生物进化图

○ 体形最粗壮、最著名的食肉恐龙—— 霸王龙

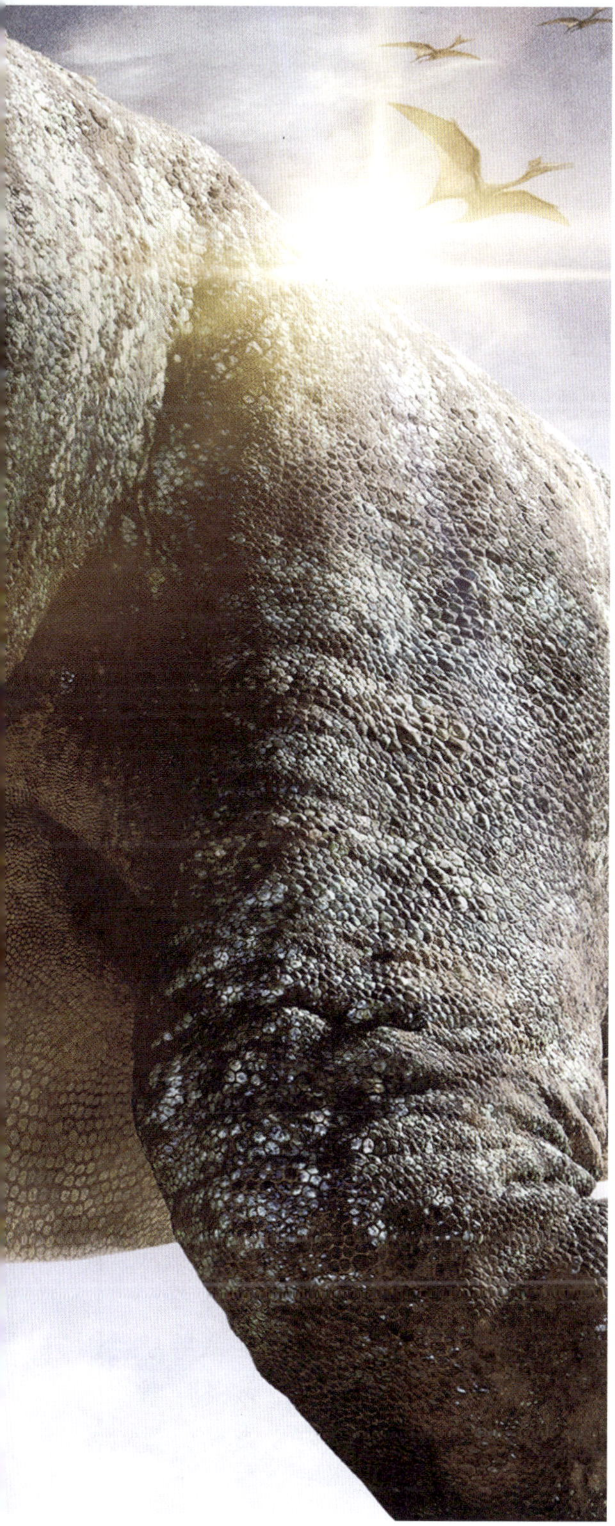

在距今6600万年前，一场大灭绝终结了恐龙时代。这颗星球的新主人是蛰伏已久的哺乳动物。最早一批哺乳动物早在三叠纪时就已经出现，但在整个中生代，大多数哺乳动物都非常弱小，在恐龙难以触及的“生态夹缝”中勉强繁衍。随着白垩纪结束，哺乳动物开始发展，占据了恐龙和其他爬行动物的位置。生存环境也使一些哺乳动物发展出巨大的体形，如陆地上的象，还有海洋里的鲸。

到了大约2000万年前，在灵长类哺乳动物中，出现了最早的猿类，它们失去了尾巴，大脑则逐渐变大。距今600万至500万年前，人类与黑猩猩从一个共同的祖先分化开来，人类继续演化成为地球上唯一的智慧生命，掌握了制造工具的方法和使用火的奥秘，直到建立起辉煌的人类文明。

多彩的恐龙时代

恐龙是爬行动物，但是与今天的爬行动物如蜥蜴相比，又有很大的不同。蜥蜴的腿是向身体两边伸展的，这使它的整个身体呈趴卧的姿势；而恐龙的四肢是基本垂直于躯干下方的，可以让身体“站”起来。这是因为，恐龙的“腰带”和其他爬行动物很不一样。恐龙的“腰带”是由3块骨头围成的一个开阔的孔，而在幸存至今的爬行动物身上，这3块骨头并没有围成一个孔。正是这样的区别，使恐龙能够“站”起来。

目前，古生物学家将恐龙分成两大类，一类叫蜥臀类，另一类叫鸟臀类，分类的依据就是恐龙的“腰带”更像蜥蜴还是鸟类。鸟臀类恐龙的耻骨是向后延伸的，这类恐龙中又包括了5支，分别是鸟脚龙类（鸭嘴龙和禽龙等）、肿头龙类、剑龙类、甲龙类和角龙类；蜥臀类恐龙的耻骨是向下的，这类恐龙中又包括了2支，分别是蜥脚类和兽脚类。当然，鸟臀类恐龙和鸟类没什么关系，反而是蜥臀类恐龙中的兽脚类有一支演化成了鸟类。

在漫长的时间里，恐龙为了适应不同的生存环境，演化出各自的生存之道。

如果仔细观察鸭嘴龙的嘴，就会发现这“鸭嘴”其实和真正的鸭子嘴很不一样，里面排着密密麻麻的牙齿。这是因为，在鸭嘴龙出现的白垩纪，地球上出现了很多质地比较粗糙的植物。鸭嘴龙只有将自己的嘴变成磨盘，用很多牙齿组成一个粗糙的磨蚀面，才可以将坚韧的植物磨成碎片。

名师讲堂：

无效命名

由于年代久远，因此恐龙化石在被发现的时候，通常都是不完整的。因此，古生物学家有可能会认为两个标本不属于同一种恐龙，并将它们分别命名。但如果事后证明两个标本其实来自同一个目类，那么后发表的命名便无效。肿头龙的案例即是如此，一些被认为是新的恐龙头骨化石，其实只是已知目类的幼体。

在极为罕见的情况下，被认为是无效的命名可能因为新的化石证据被重新“激活”，其典型例子便是迷惑龙与雷龙的争议。1877年，美国古生物学家奥塞尼尔·查利斯·马什将一些蜥脚类恐龙化石命名为迷惑龙，随后又仓促地将另一些化石命名为雷龙。1908年，另一位美国古生物学家艾尔默·塞缪尔·里格斯指出，阿普吐龙和雷龙非常相似，应该是同种动物，因此雷龙的命名是无效的。不过，21世纪的一些新研究表明，迷惑龙和雷龙其实还是有非常细微的差异的，所以马什当年“歪打正着”，两个命名都是有效的。

○ 今天矗立在博物馆中的雷龙化石，旁边的恐龙包括弯龙、圆顶龙和剑龙，它们都是与雷龙生活在同时代的恐龙

除此之外，鸭嘴龙还有一个特点，就是一些鸭嘴龙的头上会有稀奇古怪的“顶饰”。这些中空结构的顶饰就像号角一样，能发出各种各样的声音。或者说，顶饰如同鸭嘴龙声音的放大器，能够让鸭嘴龙发出洪亮的叫声，方便同类之间相互沟通。

肿头龙则以非常厚实的头骨著名，肿头龙的头骨最厚的地方可达25厘米。古生物学家发现，一些肿头龙的头骨上有碰撞造成的伤口，因此推测它们可能会通过头部角力的方式来争夺配偶或是一个小群体里的领袖地位。随着肿头龙的化石越来越多，古生物学家发现，有些肿头龙的头骨似乎没有那么厚，而头骨附近有很多小刺，就将它们分别命名为不同的物种。但随着更多的化石证据陆续被发现，古生物学家们这才意识到，这些头骨可能属于不同成长阶段的肿头龙。随着肿头龙的成长，它的头骨会越来越厚，刺则会越来越退化。

角龙也是我们熟悉的动物。在电影《侏罗纪公园》里，就出现了角龙。这类动物最大的特点就是头骨向后延伸，

○ 皇家角龙的复原图，其奇特的头盾就好像戴着王冠一般（供图 / 江泓）

形成一个保护脖子的“颈盾”；它们的嘴像鹦鹉嘴，而且非常锋利，可以切断各种坚韧的植物。在中国，古生物学家发现了很多早期的角龙化石，有些已经有了鹦鹉一样的嘴，但头骨还没有形成向后延伸的颈盾；也有一些既有鹦鹉一样的嘴，也有比较成熟的颈盾，只不过还不能像后来的三角龙那样四足行走。

剑龙的最大特点是背上生有骨板，这些骨板里面有血管的痕迹。但古生物学家还不能完全确定骨板的用途，只能推测它们可能会帮助剑龙调节体温。如果剑龙感觉到热，就会走到有风的地方，让风把血液中的热量带走，来让身体变得凉爽一些。剑龙的尾巴上有 4 根尖锐的刺，这是它们保护自己的武器。

甲龙的身上从头到尾覆盖着坚硬又尖锐的“盔甲”。有些甲龙还会在尾巴末端生出一个膨大的尾锤，作为保护自己的武器。甲龙可以甩动尾锤，击打敢于捕捉它们的肉食恐龙。

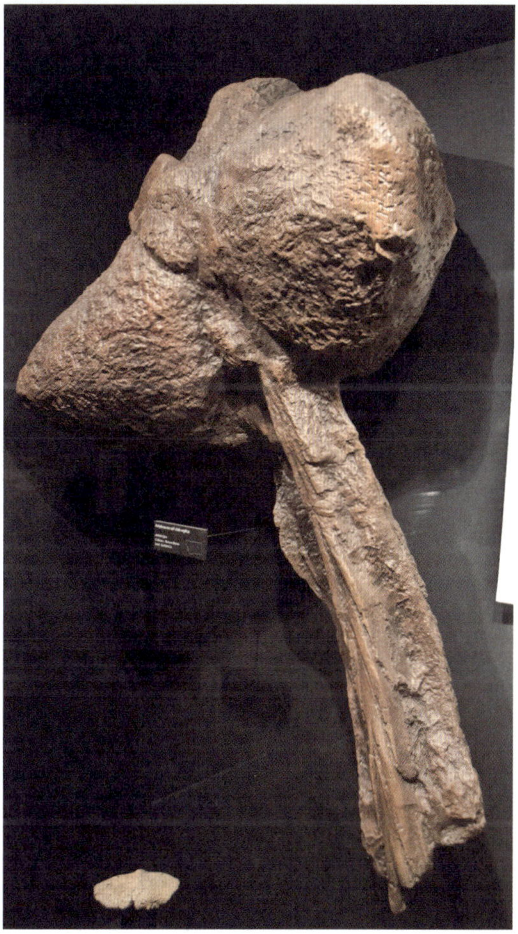

○ 甲龙的武器——尾巴上的骨锤（供图 / 江泓）

体形庞大的蜥脚类恐龙是很多人对恐龙的第一印象。蜥脚类恐龙的主要特点就是身体庞大，而且脖子、尾巴都很长，头却又很小。蜥脚类恐龙的祖先是像禄丰龙这样的原蜥脚类恐龙，它们的体形还不算太大。但随着时间的推移，有些蜥脚类恐龙演化出了格外庞大的体形。在南美洲发现的阿根廷龙，体长可能接近 40 米，体重则可能超过 80 吨。

兽脚类恐龙也让人印象深刻，它们不仅体形巨大，而且绝大部分是凶暴的肉食动物，如霸王龙。不过，在电影《侏罗纪公园 3》里，给人带来震撼的并非是霸王龙，而是棘龙，它甚至几口就咬死了一头霸王龙。由此，有些人就认为，棘龙是有史以来体形最大、最残暴的肉食动物。但随着古生物学的进步，古生

○ 体形巨大的高棘龙（摄影 / 王宽）

物学家发现，其实棘龙真正的形象并不像电影中展现的那样。它的生活方式有些像鳄鱼，通常只在水里利用狭长的嘴捕食鱼类，因此它的腿其实不太长，用来配合游水而非奔跑。事实上，到目前为止，棘龙是古生物学家唯一确定的水

生恐龙。

在《侏罗纪公园》系列电影里常常登场的伶盗龙，则是一种敏捷的小型肉食恐龙。当然，电影中的伶盗龙形象融合了一些别的小型肉食恐龙的特征，如它的近亲恐爪龙，以烘托紧张的气氛。

○《侏罗纪公园》里的男主角驯养伶盗龙（迅猛龙）

恐爪龙的一大特点就是有的脚上第二趾演化有一个巨大的钩爪，可以迅速撕开猎物的腹部。至于真正的伶盗龙并不像电影里那么大，而且身体上很可能披着羽毛，看上去不像电影里那么恐怖。

恐龙飞向蓝天

伶盗龙只是拥有羽毛的小型肉食恐龙之一。20 世纪 90 年代中期，中国古生物学家发现了中华龙鸟的化石，这块化石的所有特征都指示这是一种兽脚类恐龙，但它的身体周围却保存着羽毛的印痕。也就是说，中华龙鸟实际上是一种长着羽毛的恐龙，它也是人类已知的第一种拥有羽毛的小型肉食恐龙。基于此项发现，古生物学界便开始思考恐龙与鸟类的联系。

自中华龙鸟的化石被发现之后，古生物学家在中国陆续发现了很多种有羽毛的小型肉食恐龙化石。而一些原始的鸟类，如德国发现的始祖鸟的化石，也

有一些类似于小型肉食恐龙的特征。始祖鸟的翅膀上仍然有爪子，尾巴也仍然由大量尾椎组成，像小型肉食恐龙的尾巴。

恐龙与原始鸟类的骨骼的相似性还体现在很多方面。一些小型肉食恐龙身上有一个特别的结构，叫作“叉骨”。如果你吃过整只烤鸡或者火鸡，就会在它们身上发现一块类似的“V”或“Y”形的骨头。这块骨头实际上是由左、右两侧的锁骨愈合在一起形成的，被认为是鸟类身体的一个重要特征。但在小型肉食恐龙身上也发现了叉骨，甚至三叠纪的恐龙身上就已经存在叉骨了，这说明鸟类的一些特征的演化历程也许比我

○ 近鸟龙、振元龙与长羽盗龙的化石都保留了羽毛

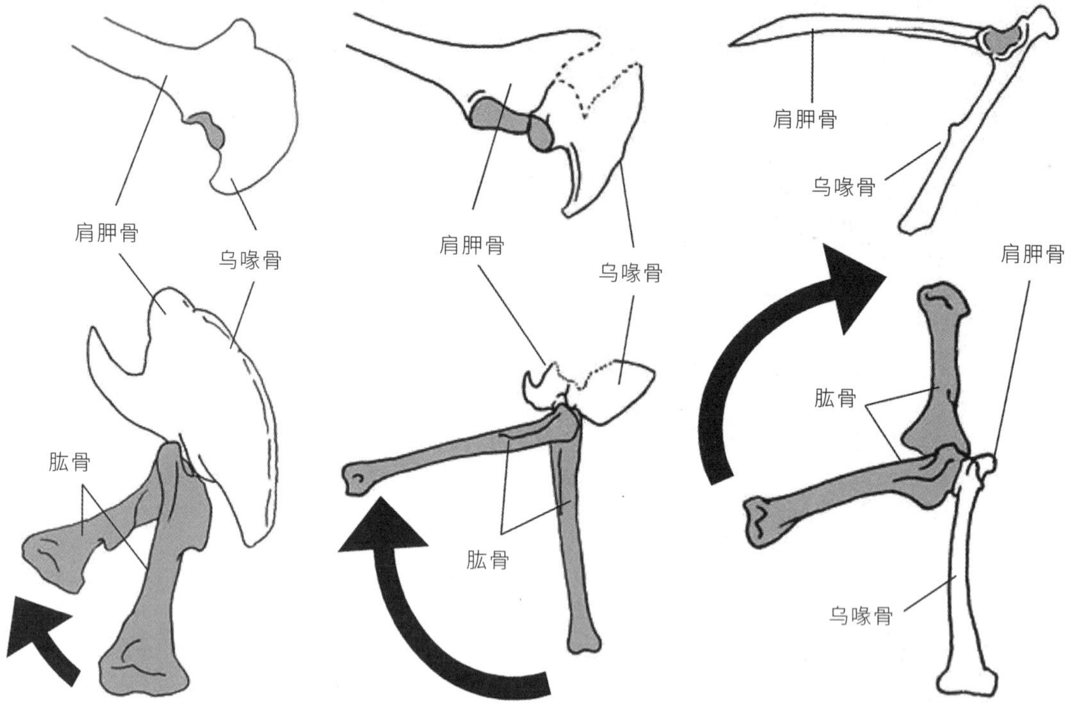

○ 恐龙和鸟类的关节处对比（供图 / 裘锐）

们认为的更为漫长。

恐龙化石也展现了羽毛的演化过程。原来，有一些恐龙，和今天的爬行动物一样身上覆盖着鳞片，它们往往是和鸟类亲缘关系比较远的恐龙。而长着羽毛的恐龙，身上羽毛的完善程度则各有不同。

如果观察那些擅长飞行的现代鸟类，如天鹅，会发现它们翅膀上负责飞行的羽毛每一根都是不对称的。只有这样，鸟类才能依靠羽毛飞起来。通过观察恐龙的羽毛化石我们发现，有简陋的单根细丝状原始羽毛、绒毛、对称的羽毛，以及像现代鸟类一样的不对称的羽毛，这基本上串起了羽毛的演化过程，说明鸟类羽毛的演化并不是一步到位的。最早的羽毛可能更偏重于保暖，经过漫长的演化，才变成现在这个样子。近些年，古生物学家还发现，原始羽毛不仅存在于兽脚类恐龙身上，在一些鸟臀类恐龙身上同样存在。这说明羽毛很有可能在恐龙演化的最早阶段就已经存在了。

综合恐龙向鸟类演化的诸多研究，古生物学家认为，当第一批恐龙出现在地球上的时候，它们身上很可能就已经有了原始的羽毛。大约在侏罗纪晚期，一些小型肉食恐龙身上开始出现叉骨。而在此之前，一些肉食恐龙的体形已经变得很小。同时，它们的前肢开始变长，爪子也变得像现代的鸟类那样灵活。渐渐地，它们的羽毛也变得和现代鸟类的羽毛更相似。而且，有些生活在侏罗纪中期的近鸟龙和生活在白垩纪早期的小盗龙，看上去像有 4 个翅膀。更重要的是，它们的前肢变得更灵活。鸟类的飞行动作并不是上下拍翅膀那么简单，而是一连串精巧动作的复合。大部分恐龙受制于骨骼结构，无法做出这样的动作；但这些小型肉食恐龙经过演化，一部分骨骼的形状和结构发生了改变，使它们拥有了像现代鸟类那样使用前肢（翅膀）

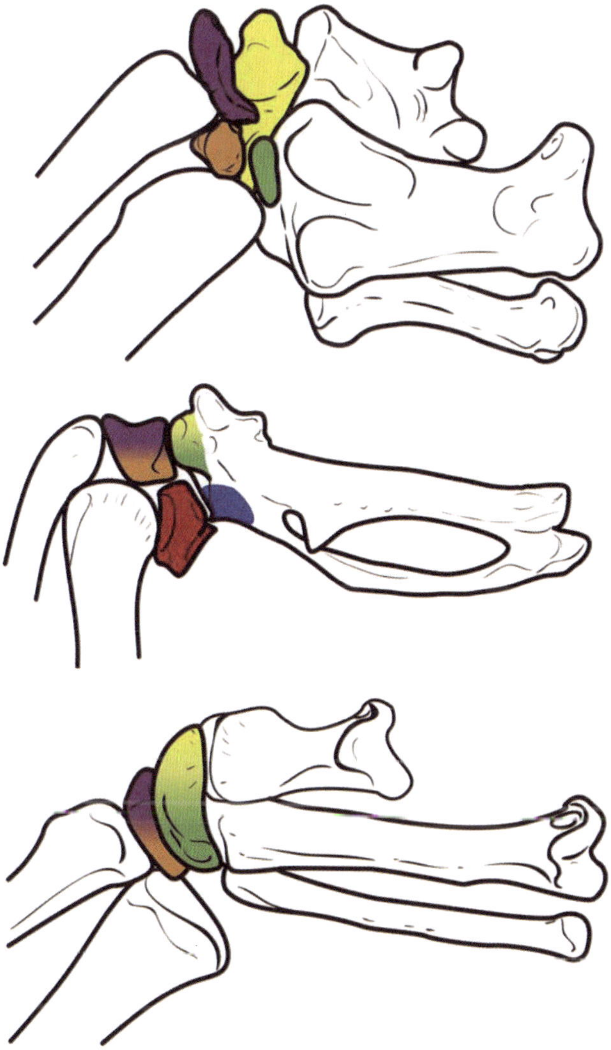

○ 恐龙和鸟类的腕部对比（紫色和橙色部分：近端腕骨；黄色和绿色部分：远端腕骨；红色部分：鸟类特有的尺腕骨）（供图 / 逯锐）

的能力。

古生物学家据此推测，在侏罗纪时期，一些带有羽毛的小型肉食恐龙已经能攀上树木进行简单的滑翔了。到了白垩纪，这些小型肉食恐龙的脚已经适应了树栖生活，脚爪变得像现在的鸡爪一样，脚趾三前一后以利于抓握。这时它们的尾巴结构也逐渐消失，身体重心逐渐前移，容下了越来越发达的胸肌。所有这些变化，都在让它们离小型肉食恐

○ 全身长着羽毛的伤齿龙

龙越来越近。

兽脚类恐龙中比较特殊的窃蛋龙，也从动物行为学角度为恐龙逐渐向鸟类进化提供了新的线索。许多年以前，当古生物学家第一次在蒙古高原发现窃蛋龙化石的时候，它看起来像要侵犯原角龙的巢穴，再加上它的嘴看起来像有利于食用蛋类，所以被命名为窃蛋龙。但新的研究表明，这只窃蛋龙很可能只是要保护自己的巢穴。后来的研究又发现，窃蛋龙类很可能身体覆盖有羽毛，且它们很可能能够像现代的鸟类一样孵蛋。

如此众多的证据让我们可以确定，鸟类就是从小型肉食恐龙演化而来的。而且，通过对化石的深入研究，我们还可以在这些向着鸟类演化的恐龙身上发现诸多有趣的细节。比如，小盗龙的胃容物里有鸟类的残骸，这说明它或许是在树上悄悄前进，并以鸟类为食的。而出现在意大利的棒爪龙化石，人们在它的胃的位置发现有鱼和（陆生）蜥蜴的化石。然而，棒爪龙的化石本身也只是一个只有 10 多厘米的幼崽，它显然不能既跑到水里抓鱼，又在陆地上追逐蜥蜴。唯一的解释就是棒爪龙有养育幼崽的行为，幼崽的所有食物都是由成年恐

○ 窃蛋龙不但不偷蛋，反而还会像鸟类一样孵蛋

龙喂给的。

现代鸟类的牙齿已经退化，这意味着它们无法咀嚼，也不容易撕裂肉类。所以，食肉的猛禽会将小动物尽可能地整个吞下去。而后，它们又必须快速消化，这样才能让身体不那么沉重，更有利于飞行。所以，猛禽会将无法消化的皮毛和骨头从嘴里吐出来，这些吐出来的物体被称为“食团”。而一些和鸟类亲缘关系很接近的恐龙，也会采取同样的吞咽和吐出食团的进食方式。换句话说，它们的消化系统已经很接近鸟类。

对羽毛的分析还可以帮助古生物学家了解恐龙真正的颜色。现代鸟类的颜色源于羽毛内部一种叫作黑素体的色素体。鸟类的不同颜色的羽毛是通过黑素体不同的形状和排列实现的，如果恐龙生有羽毛，其羽毛化石就有可能保存有类似的色素体。古生物学家也确实在恐龙羽毛中发现了和现代鸟类羽毛中一样的黑素体。通过对这些色素体的分析，配合对羽毛细微结构反射、折射光线效果的模拟，古生物学家推断出了恐龙活着的时候的真正颜色，并且让复原像更接近真实。

在距今大约 6600 万年前，一场大灭绝终结了恐龙时代。人们对这场灭绝事件的原因众说纷纭，比较著名的便是小行星撞击地球的理论。这种理论认为，一颗直径大约 10 千米的小行星撞击地球之后，导致了大范围的森林火灾，掀起的尘埃则在随后的若干个月乃至若干年里遮天蔽日。由于无法接收到阳光，植物迅速枯萎，体形比较大、需要更多食物的大型动物纷纷灭绝；而食量很小或者拥有冬眠能力的动物则幸存下来，并在灾难之后发展壮大。但实际上，恐龙并没有完全灭绝，今天的鸟类就是从小型肉食恐龙演化而来的，它们的后裔仍然在与我们相伴。

互动问答

鱼龙、蛇颈龙、翼龙是恐龙吗？

在恐龙时代，还生活着其他许多被称作“龙”的爬行动物，如鱼龙、蛇颈龙等。与此同时，翼龙占据了天空，但它们都不属于恐龙，而只是恐龙的“亲戚”。在这些爬行动物当中，也有一些体形惊人的成员，如风神翼龙的翼展可以达到12米，相当于一架战斗机的长度，是地球上出现过的最大的会飞的爬行动物。

翼龙可以飞行

黄乘明：

中国科学院动物研究所研究员、国家动物博物馆首任展示馆馆长、中国动物学会监事、北京动物学会会员、中国科协脊椎动物学科首席科学传播专家和中国科协灵长类首席科学传播专家、国家林业与草原局首席科普专家

○ 白头叶猴妈妈与小猴子（摄影 / 梁霁鹏）

黄乘明：白头叶猴的生存奥秘

扫一扫，看专家讲座视频

在中国南方的广西壮族自治区崇左市，生活着一种中国特有且数量极少的猴类——白头叶猴。这种以树叶为食的猴子，曾经被列为世界上濒危的 25 种灵长类动物之一，也被认为是最稀有的猴类。为了在丛林中生存下来，白头叶猴衍生出了一套独有的与大自然打交道的方式。但尽管如此，由于生存环境的日益恶劣，它们也依然改变不了数量日渐减少的事实。不过幸运的是，在近几十年里，动物学家和生态学家对它们的注意和研究，正在帮助它们逐渐摆脱灭绝的命运。

进化顶端，万物灵长

按照生物学分类，人类属于哺乳纲灵长目，俗称“灵长类动物”。也就是说，在自然界里和人类亲缘关系最接近的动物，就是几种“猩猩”，如黑猩猩、倭黑猩猩、大猩猩和红猩猩；亲缘关系稍远一些的，是形形色色的长臂猿。

名师讲堂：

“四大神猴”

在中国古代的民间传说里，人们认为某些特定的猴类具有灵性，如中国古典文学名著《西游记》就吸纳了这种说法。在《西游记》中，有“混世四猴”的设定，分别是灵明石猴（原型可能是川金丝猴或猕猴）、赤尻马猴（被杂耍艺人驯养的猕猴）、通臂猿猴（原型为某种长臂猿）和六耳猕猴（原型为猕猴）。作为灵明石猴的孙悟空成为猴王，率领众猴在水帘洞居住的时候，曾经把两只赤尻马猴和两只通臂猿猴封为手下大将。后来，孙悟空成为唐僧手下的弟子，在护送唐僧取经的途中，遇到了冒充自己的六耳猕猴。这个和孙悟空的本领完全相同的角色，可以被理解为孙悟空的“二心”，也就是孙悟空头脑中不太愿意修行，渴望不受约束生活的那一部分。

○ 黑猩猩

○ 猕猴

我们上述提到的几种猩猩，包括我们人类自己，都可以归入灵长类中的“猿类”。但灵长类不仅包括猿类，还包括各种“猴子”。如果到动物园的灵长类动物展区走一圈，就会发现在那里展出的动物，有一些和我们熟悉的猴子（通常是猕猴）的形象差别很大，以至于让我们觉得动物园把它们放错了展区。比如，尾巴灵活得如同一只手的松鼠猴，尾巴长度甚至超过体长的狐猴，还有外表令人恐惧的山魈，竟然都属于灵长类动物。

既然如此，究竟哪些动物可以被归入灵长类呢？一般来说，除人类之外，大部分灵长类动物都生活在森林里。但灵长类动物最重要的特征就是大脑非常发达。比如，在人类的大脑上面有很多沟回，这使大脑的表面积增大了很多，脑细胞的分布也随之增多，所以人类的大脑非常发达；其他的灵长类动物也是相似的情况。

灵长类动物的第二个重要特征是拥有一张明显的、几乎没有毛发的脸。这张脸如同巨大的盘子，使两只眼睛都朝向前方，左眼和右眼的视野有相当大的重叠。这样的身体特点，使灵长类动物拥有发达的立体视觉，更容易判断物体和自身的距离。

为了适应森林生活，灵长类动物的第三个重要特征是拥有发达的锁骨，而且前肢和后肢有明确的分工。锁骨和前肢一起提供了稳定的支撑，有利于灵长类动物在森林里攀爬。前后肢则分工明确，前肢主要负责抓握，后肢主要负责行走。其中，前肢可以抓握，主要是通过大拇指与其他手指的对握来实现的。比如，我们人类，手掌上的大拇指和其他 4 根手指没有并排生长，正是凭着这样的特征，才让我们能够握笔或拿起扫帚一类的工具。

不过，人类的脚趾是不能对握的。原因在于，人类的大脚趾和其他 4 根脚趾是并排生长的。但其他一些灵长类动物，如和人类亲缘关系很近的黑猩猩和大猩猩，它们的脚趾就可以对握。动物学家将这样的灵长类动物叫作“四手动物”，因为它们的脚也可以像手一样握住物体，使它们更容易适应丛林生活。

目前，地球上包括人类在内，共有 500 多种灵长类动物。但是，除了人类，其他灵长类动物的分布空间大多比较狭窄。目前，已知的灵长类动物只分布在地球的 6 片区域里，分别是非洲大陆中部以南的稀树草原、非洲中部的热带雨林、马达加斯加岛、南美洲的热带雨林、东南亚加里曼丹岛一带的热带雨林及中国。在非洲的热带雨林里，生活着我们熟悉的黑猩猩；在南美洲的热带雨林里，可以找到叫声大得惊人的吼猴，还有松鼠猴等一些有着灵活尾巴的新大陆猴类；在马达加斯加岛上，有灵长类动物中比较原始的狐猴；而在中国的广袤领土上，因为不同的气候条件，让我们拥有很多种灵长类动物。

○ 红毛猩猩

普通猕猴分布的最北限可能是北京市密云区与河北省承德市交界处的雾灵山。但中国的大部分灵长类动物都分布在西南地区，前三名分别是云南省、广西壮族自治区和西藏自治区。除了人类自己，所有生活在中国境内的灵长类动物，都属于国家保护动物。

在分布于中国的灵长类动物当中，有一些是中国特有的物种。比如，世界上共有 5 种金丝猴，中国拥有其中的 3 种，分别是川金丝猴、滇（diān）金丝猴和黔（qián）金丝猴，而且只有川金丝猴才有名副其实的金色毛发。此外，生活在中国中部和南部的藏酋猴，生活在中国台湾的台湾猕猴，生活在广西壮族自治区的白头叶猴，以及生活在海南省的海南长臂猿，也都是中国特有的灵长类动物。

名师讲堂：

海南长臂猿的“身世之谜”

海南长臂猿栖息在中国海南省的热带雨林中，它在生物分类学中的地位曾经是动物学领域的一大未解之谜。以前的生物分类学理论认为，海南长臂猿与生活在云南省南部的黑长臂猿是同一个物种下的不同亚种（类似于四川省的大熊猫和陕西省秦岭地区的大熊猫之间的关系，大熊猫秦岭亚种的头部更圆，毛色也有一些差别）。研究者发现，海南长臂猿雌性的毛色与云南黑长臂猿雌性的毛色有所不同，云南黑长臂猿的雌性通体黄色，而海南长臂猿雌性的毛色从黄灰色到淡棕色都有，而且在头的顶部和腹部都有黑斑。因此有人认为，海南长臂猿可能是越南北部的黑冠长臂猿的亚种。由于分类位置存有争议，因此保护海南长臂猿就显得更为重要，这也意味着人们可以更深入地了解长臂猿的演化过程。

随着研究的深入，动物学家注意到了海南长臂猿的独特之处。它的种群为一雄两雌结构，与其他各种长臂猿种群的一雄一雌结构完全不同。此外，海南长臂猿叫声的声学结构也与其他几种长臂猿叫声的声学结构不同。根据这些证据，海南长臂猿在 2015 年被确认为一个独立的物种。

○ 云南西黑冠长臂猿

中国独有的白头叶猴

目前，白头叶猴的野生种群只分布在广西壮族自治区南部的两个国家级自然保护区，分别是弄岗自然保护区和崇左自然保护区，后者拥有的白头叶猴数量占整个种群的 90%。到目前为止，由于白头叶猴的总数大约只有 1300 只，所以它成为比“国宝”大熊猫还要珍稀的动物。

白头叶猴头上的毛发是白色的，平时靠吃树叶为生。它的名字就包含外貌和食性这两个最大的特征。成年白头叶猴头部和尾部的毛发呈白色，身体大部分则是黑色。这种体色能使白头叶猴与其生活的山石环境完美地融为一体，让它们不容易被发现。更有意思的是，白头叶猴头部的毛发天然地向上高高立起，并在中间聚拢，酷似某些体育明星和动漫人物的“鸡冠头”（莫西干发型），让人不得不感慨大自然的神奇。

成年白头叶猴的头部和尾部都是白色的，且有一个天然的“莫西干头”（摄影 / 冯如君）

白头叶猴的幼崽刚刚出生的时候，全身的毛发都是橘红色的，在阳光下会发出金黄色的光芒，十分美丽。半岁后，小白头叶猴的毛发颜色会黯淡下来，变成灰黄色，头部则渐渐显出些许白色。过了 1 岁，白头叶猴就长大了，全身覆盖黑白相间的毛发，与成年猴无异。此时，它的体形和父母相比还有一定差距。直到小猴长到 4 岁，毛色和父母的一样，体形也赶上了父母，便预示着它成年了，生理机能也相应成熟，开始准备繁殖后代了。

白头叶猴的“家庭”是典型的一雄多雌结构。成年公猴与家庭中的母猴没有直接的亲缘关系。入主猴群的公猴通过激烈的打斗，成为猴群中唯一的成年公猴，并占有一群母猴的交配繁殖权，而母猴之间却有很近的亲缘关系，它们可能是母女或姐妹。母猴是白头叶猴家庭中的固定成员，类似于人类的“常住人口”，而成年公猴每四五年就要被替换，类似于人类的“暂住人口”。母猴在成年后，会继续和它的妈妈与姐妹们生活在一起，等待与成年公猴交配繁殖后代；而家庭中的“儿子”一旦长大，就会离开自己出生的族群，进入别的猴群繁衍后代。

刚离家出走的小公猴们通常会聚集在一起，构成临时的“全雄群”。全雄群的成员来自一个“家庭”的兄弟或是不同家庭。全雄群的活动范围很大，囊括了多个家庭的领域范围，每天在多个家庭的领域中游荡，试探每个白头叶猴家庭中成年公猴的实力，一旦发现公猴年老体衰、实力下降，就会发起挑战。如果某全雄群中的公猴击败了某个家庭中的成年公猴，它就会赶走这个家庭中的成年公猴，取而代之成为这个族群的“猴王”。随着全雄群中的公猴们一只一只地入主各自的家庭，临时的“全雄群”就会解体。每当一个家庭迎来新的成年公猴时，这个猴群就会进入一个新的时代。有趣的是，全雄群的公猴们不会回到自己原来的家里与自己的父亲竞争，而是选择其他的白头叶猴家庭，这样可以避免近亲繁殖。

一个竞争胜利，进入繁殖家庭的新头领，会拥有大约 4 年的美好时光。这是它一生中最为强健的 4 年。在这 4 年左右的美好时光里，它尽情地与成年母猴们交配，最大限度地繁殖自己的后代。为了实现自己的价值，平时表现得很“斯文”的白头叶猴，在争夺“王位”时，会展现出凶残的另一面，与“情敌”决一死战、打出胜负，一旦胜利，即可将“情敌”赶出猴群，成功完成猴王更替，实现“宫廷政变”。而双方也往往因剧烈的打斗留下满身伤痕。

在广西崇左自然保护区里，动物学家观察到了一个相当有趣的场面，就是发生在白头叶猴中的“宫廷政变”，完美诠释了新猴王的最大限度繁殖后代的价值和使命。

2015 年年底，保护区里的“拇指山猴群”（一群被动物学家作为研究对象的白头叶猴）发生了猴王更替事件，新的猴王占有了 9 只母猴，并开始迅速繁殖自己的后代。到了 2016 年夏天，猴群的 6 只母猴各自怀抱了 6 只小猴，年底又有 3 只小猴出生。在一年之内，9 只母猴都繁殖了新猴王的后代，对于物种保护来说，这无疑是一个乐观的局面。

因为小猴在 1 岁之前需要很多的照顾，而这些工作都由母猴负责，这令母猴的精力消耗很大，所以拇指山猴群在 2017 年暂停了繁殖，以确保 2016 年生下的小猴子都能活下来。进入 2018 年，部分母猴又可以第二次繁殖新猴王的后代。这年 3 月，猴群诞生了 2 只小猴，让整个猴群的数量达到 21 只。

猴群家庭成员数量不是越多越好，一旦家庭成员数量过多，猴王就管不住自己的“妻妾”了，一部分母猴会被家庭外的公猴吸引拐跑。所以，一个白头叶猴家庭的成员数量往往很难超过 30 只。

2018 年年底，拇指山的这只“子孙兴旺”的猴王和他的家庭遇到了另一个“全雄群”里年轻公猴的挑战。经过 3 天的恶斗，新猴王取代了老猴王，猴群一分为二。老猴王带着忠实于它的 6 只母猴离开，在其他地方建立了新的猴群。赢得挑战的一方则继承了原来猴群中剩余的母猴和所有的地盘。

不惧严酷环境的挑战

白头叶猴是适应石山生活的高手。它们非常擅长在悬崖峭壁上攀爬，在天然的石洞或者略微凸起的石壁上过夜，这使得其他肉食动物很难靠近。尽管白头叶猴有如此高超的攀爬技能，可以令它们在休息时无忧，但这并不代表它们的生存环境就会因此变得安逸。因为相比于休息，其实水和食物才是它们生存中面临的真正考验。

气候记录告诉我们，白头叶猴分布的区域，每年的降水量为 1200 ～ 2000 毫米，绝不缺水。但因为这里属于喀斯

○ 白头叶猴

特地貌，岩石有很多缝隙，所以一旦降雨，雨水很快会流到地下，成为地下水，从而令地表水变少。面对这种状况，白头叶猴只能另辟蹊径解决饮水的问题。它们爬到树上采集嫩叶、嫩芽和嫩枝，因为植物的这些部位含有丰富的水分，足以满足它们对饮用水的需求。

在夏秋季节，因为昼夜温差比较大，早上的嫩叶和嫩芽常常沾有露水，让白头叶猴可以得到额外的水分。在干旱的季节，森林中缺乏嫩叶、嫩芽，也没有露水，这是白头叶猴最难熬的季节。这个时期，它们只能忍受干旱，实在口渴，地面小水坑里的脏水也成了希望。

但因为白头叶猴在地面上的行动不安全，所以每次下到地面喝水，都如同人类进行一次军事行动那般兴师动众、小心谨慎。首先，公猴会来到地面，试探性地喝一些水，顺便看看周围有没有危险。其次，猴群里的其他成员才会下到地面。喝完水后它们会迅速回到树上。靠着这种极高的警惕性，白头叶猴可以成功地补充水分，直到迎来季节的变化。

○ 白头叶猴正在饮水

在食物方面，白头叶猴选择以树叶为食，这与杂食性的灵长类动物很不一样。为了消化树叶，白头叶猴消化系统的肠胃部分共生了很多分解纤维素的细菌，帮助它们分解植物叶片中的纤维素。

大部分树叶的味道其实是非常苦涩的。不过，不断的演化已经让白头叶猴的味觉退化，感受不到任何味道。正因为如此，它们才能快乐地食用苦涩的食物。而共生细菌的帮助，又使它们对食物的利用率非常高。一般来说，一只成年白头叶猴每天只会吃大约 700 克食物，其中大部分是树叶，但在有果实成熟的季节，它们也会偶尔吃点水果。此外，一天中有将近一半的时间，白头叶猴都会躲在安全的地方休息，或者与同类进行交流。

○ 白头叶猴以树叶为食，也会偶尔吃点水果（摄影 / 梁霁鹏）

熟练地攀登悬崖峭壁，是白头叶猴维持生存的基本功。到目前为止，人们还从来没有发现过因为失足坠崖而死亡的白头叶猴。而且，对于母白头叶猴来说，攀爬的难度系数还要进一步增加，因为它们往往需要带着自己的孩子攀爬。而在孩子长大直到完全脱离母亲之前，它们的体重会随着时间不断增长，母猴则要带着它们到处攀爬。我们曾经观察到一只母白头叶猴甚至能同时带着 3 只小猴攀岩。人类攀岩要依靠专业的运动器材，但是，白头叶猴从来都是徒手。白头叶猴所选择的过夜的地方都是非常狭窄的悬崖峭壁，往往一翻身便会粉身碎骨，但凭借惊人的平衡能力，它们总是能够在这些天敌不敢造访的地方安稳地休息。

漫长的演化赋予了白头叶猴适应极端环境的能力。但如今，它们的生存仍然面临着严峻挑战，那就是人类活动导致的栖息地的破碎化。为了生产更多的粮食，养活更多的人口，人们在喀斯特山地中为数不多的平地上开荒耕种。人类活动对森林的破坏、对土地的占用，都给白头叶猴的生存带来了巨大的压力。

在 20 世纪 80 年代之前，保护环境和动物的观念还没有像今天这样深入人心。在白头叶猴分布地，流传着用白头叶猴和它的“亲戚”黑叶猴的尸体泡酒的习俗，认为这样的药酒有助于治疗风湿，也有舒筋活血的作用。为了制造这种药酒，很多白头叶猴惨遭猎杀。在最危险的时候，白头叶猴的种群数量下降到只有 300 多只，处于极度濒危的状态。

幸运的是，20 世纪 80 年代，国家制定了保护动物的相关法律，建立了自然保护区。为了更有效地保护白头叶猴，科学家一方面开始了对白头叶猴习性、行为的研究，另一方面对当地群众包括中小学生开展了科普教育，使人们意识到保护白头叶猴的重要性。此后，在废弃的耕地上，人们专门种植了白头叶猴

○ 崇左白头叶猴国家级自然保护区

○ 保护环境，人人有责

喜爱的植物，以弥补开荒伐木对它们的生存环境所造成的破坏。

为了方便白头叶猴在石山之间扩散和移动，保护区规划建立了生态廊道，让白头叶猴有更多的生存空间、生存机会及充足的食物。如今，尽管白头叶猴的数量仍然稀少，但已经在逐渐回升之中。与此同时，白头叶猴也习惯了人类的存在，并且知道人类不会再伤害它们。

习近平总书记曾指出："绿水青山就是金山银山。"人类虽然是地球上唯一的智慧生命，但并不能因此而高傲地独行。相反，我们需要学习与其他很多生命和谐共存的方式。只有在发展的同时保护环境，避免违反自然规律招致大自然的"报复"，人类文明才能长久地存在。

互动问答

在充满悬崖峭壁的喀斯特石山，白头叶猴如何解决饮水问题呢？

白头叶猴的栖息地年均降水量为 1200 ～ 2000 毫米，然而，大自然跟白头叶猴开了一个大大的玩笑，雨水全部顺着石缝流到了地下，致使地上缺水严重，从而迫使白头叶猴另辟蹊径，锻炼出一套特殊的获取水分的本领。

白头叶猴每天清晨采食含水充足的嫩叶、嫩芽和挂满树梢的露水，来满足身体对水分的需求。在旱季，白头叶猴还会战战兢兢地冒着风险，下到平地上饮用残留在水坑里的脏水。猴群下山喝水，会犹如人类进行一次军事行动般兴师动众、小心谨慎。

04

◎ 李大永：数学思维面面观

◎ 史艺：谈谈物理问题的认识路径

◎ 全芙君：以水的净化为例谈化学

◎ 张根发：如何学好生物学之浅见

◎ 陈虔：计算机科学——大数据技术与生活

李大永：

北京市海淀区进修学校数学教研员

◎ 无处不在的数学思维

李大永：数学思维面面观

扫一扫，
看专家讲座视频

在日常生活中，我们总会在不经意间与数学打交道。从超市购物结账，到投资理财计算利息等所有这些不经意的操作，背后都是数学思维和数学知识在发挥作用。下面，就让我们从一些数学趣题出发，领略数学的魅力，感受学习数学究竟能给我们带来怎样的收获吧！

从两道面试题说起

我们在幼儿园或者更早的时候，就开始接触数学知识了。人的大脑先天能够感知空间位置间的远近和数量的大小。而具体度量远近和大小，则需要用到数学思维和数学知识。人类学习数学，一般都是从伸出双手练习数数开始的。后来，随着年龄的增长，我们开始逐渐深入学习数学的各理论知识体系。从小学的加减乘除运算，到初中的公式、定理推导证明，再到高中的集合、函数等的学习，思维方式也逐渐到达严谨高阶的逻辑、类比、转化思维等。如果你选择以数学研究作为职业，那么你对数学的钻研可能会持续终生，并有机会进入一些前人未曾涉足的新领域。

在现实生活中，人们很少用到高等数学知识，只是偶尔会用到一些稍复杂的数学运算知识。但学习数学并不是为了应付学校里的一次次考试。那么，学习数学的意义和价值究竟在哪里呢？培养数学的思维方式无疑是真正的目的。学习数学，说到底是为了让我们在看待世间万事万物时，能够穿越事物纷繁的表象，一击即中地看到本质，用严谨的逻辑去厘清事物的条理和顺序，回归事物本源。各行各业的从业者，尤其是精英人士，都是数学思维模式的受益者和发扬光大者。

高盛集团是著名的投资银行，它很重视招募拥有数学思维的员工。在高盛集团的面试题里，有一些看起来和投资或金融服务关系不大的数学趣题。比如，面试官可能会问前来求职的人，在 3:15 的时候，钟表上分针和时针的夹角是多少度？在一天的某个时间点上，一座特大城市，如美国纽约市的上空会有多少架飞机经过？

第一题是奥数班里很常见的“时钟

○ 学习数学重点是培养数学思维

○ 时钟问题蕴含了有趣的数学道理

问题”。这毕竟还是一道存在确定答案的数学题，对于得到高盛面试机会的人而言不算困难，估计是用作缓解面试者紧张情绪的开胃小菜，顶多是看一下求职者对数量关系的敏锐度。在 3:15 的时候，要知道时针和分针的成角，就要分别弄清楚时针和分针的位置。此时，分针指向 3；而时针应该位于“3”和“4”这两个数字之间，因为时针每小时走周长的 1/12，15 分钟时针恰好走过了“3”和“4”之间路程的 1/4，也就是总长的 1/12×1/4=1/48。时钟走一圈是 360°，那么在 3:15 时时针在“3”和“4”间形成的夹角度数为 1/48×360=7.5°。此题有多种解法，但无论如何解，都要先明白时钟的原理和转动规律。

第二题可能会让人有些摸不着头脑。其实这道题考的并不是能否给出确切的答案，而是需要求职者敏锐地抓住该问题中所隐含的相关数量，给出确定结果的计算方法，这是对数学思维的综合考验。想知道某个时间点特大城市上空飞机的数量，首先要大致估算出城市的空域面积，以及了解城市里有多少个机场、飞机起降过程中的速度、每个机场飞机的起降频次等信息。

这是因为，飞机不会无缘无故地出现在城市上空，而是需要从机场起飞，或者接近机场准备降落。每个机场飞机的起降频次决定了单位时间起飞或降落的飞机数量，飞机起降的速度和空域大小决定了飞机滞留在城市上空的时间。此外，城市的空域一般也不会是规则图形，但是为了方便且合理地对其进行估算，就需要进行必要的假设，如假设半径为多少千米的圆。由此可见，用数学思维来分析整个问题，找到计算的先决条件和突破口，是成功解答这道题的关键，也是难点，一般人很难做到；而至于具体的数据计算，则只是小学水平的四则运算。

从上述两道面试题中，我们可以大致知晓数学思维的基本特点，那就是要求人们在观察客观现象的时候，从中抓住主要特征，并将它抽离出来，建立起抽象的概念或模型，然后对理论模型进行深入分析。在这样的过程中，不仅需要直觉判断，还需要归纳、对比和联想等一系列方法。在理论探索中，人们可以做出某种猜想，但最终需要通过符合逻辑的证明来验证猜想。想要完成这一点，就需要进行深入的分析、逻辑推理

○ 飞机问题不能只考虑升空之后，还需考虑整个航行过程

和计算。这也说明，世间万物背后的真相，往往需要人们付出艰辛的劳动后才能获得。

很多著名的科学家都深知数学思维的价值。曾经有人问第一位诺贝尔物理学奖得主、X 射线的发现者威廉·康拉德·伦琴：科学工作者应该具备什么素养？伦琴的回答是：“第一是数学，第二是数学，第三还是数学。”由此可见，作为物理学家的伦琴，对数学是非常重视的，他认为数学是为其他科学领域提供支撑的学科。日本数学教育家米山国藏也认为，数学教育传授的不仅是数学知识，更是数学的精神、思维和方法。

所以，即使在学校里数学成绩很好的学生，也可能只是掌握了很多数学知识，而没有掌握数学的思维和方法，更未必能领悟到数学这门学科背后所蕴藏的博大精神。所以，在学习数学时，我们更应该去感悟诸多数学知识概念背后所蕴含的精神。尽管数学的概念和定理是数学学科知识的基本形式和载体，但它们形成的过程其实蕴含着更高层次的精神财富。

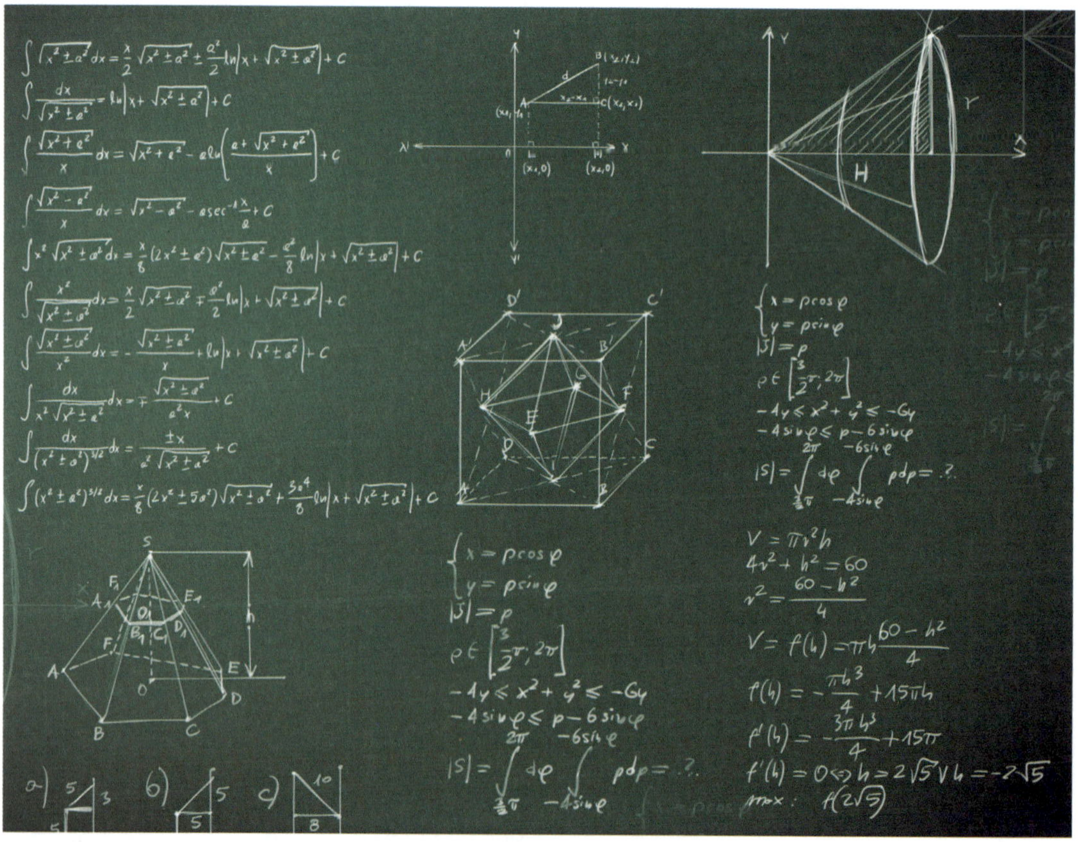

○ 数学为其他学科提供了理论基础，是其他学科领域的支撑

生活中处处有数学

数学的价值在于帮助我们精确地刻画和描述世界。试想，如果我们只有“多”“少”“轻”“重”这样的比较性概念和词汇可以使用，那么生活就会很不方便。但如果能够借助具体的数目对事物进行精确的描述，那么人们就可以对事物有更准确的了解。

比如，奥运会的举重项目，会要求运动员根据体重划分重量级。这是因为，职业举重运动员的力量一般会随着体重的增加而增长。或者说，举起同样质量的杠铃，对于体重较轻的运动员来说会更困难。所以，为了比赛公平，举重项目不仅需要让同性别的运动员一起比赛，更要让体重相差不多的同性别运动员一起比赛。而要做到后者，就需要对运动员的体重进行精确的测量和描述。

另一个类似但更为极端的例子是，生物学家想知道究竟是蚂蚁的力气大，还是人的力气大。如果用能够举起的物体的质量来判断，显然人的力气更大，但这样的比较并不公平。数学给了我们另一种思路，那就是先测量蚂蚁和人的体重，再看双方最多能凭自身体力举起多重的物体，而后计算各自所举物体与各自体重的比值。试验结果表明，蚂蚁能够举起比自身重很多倍的物体，这是人类无论如何也无法做到的，所

○ 蚂蚁能举起比自身重很多倍的物体

以蚂蚁的力气其实比人的力气大很多。

很多数学趣题根植于数学能够精确地刻画事物这一特点。比如，用一根绳子紧紧地捆住一只篮球，那么这根绳子会围成一个穿过球心的大圆。现在，如果将这根绳子的长度增加 1 米，而且将它围成圆，这个圆与篮球的大圆构成同心圆，那么在两个同心圆之间能放下一个拳头吗？只要稍加思考，我们就会发现这是完全可行的。

接下来，我们将这道趣题进行扩展：如果将地球想象成一个完美的球体，并用一根特别长的绳子沿着赤道把地球紧紧箍起来。而后，将这根绳子的长度增加 2 米，并将它围成圆，与地球赤道构成同心圆。那么在这两个同心圆之间能放下一只篮球吗？

听起来虽然不可思议，但这道题的答案其实是肯定的。因为，虽然地球赤道的长度大约有 4 万千米，但数学中计算圆周长的公式依然适用。也就是说，地球赤道半径与地球赤道周长之间仍然遵循着 $1:2\pi$ 的比例关系。我们可以将 π 粗略地取为 3.14，进行计算后会发现那根绳子延长了 2 米之后，它构成的圆的半径与地球赤道相比，大约增加了 31.85 厘米。而职业男子篮球比赛使用的篮球，直径是 24.6 厘米，完全可以放在两个同心圆之间的空当里。

通过上面的数学趣题我们可以发

○ 数学可以让我们更好地面对我们所生活的世界

现，学习和研究数学的意义在于不断唤起人类的理性思维，让理性精神散发光芒。在日常生活中，人的大脑很容易指挥身体做出非理性的本能快速反应。比如，人会下意识地躲开高速驶来的汽车，这种本能反应是大自然的设计，因为我们的先祖正是通过这样的机制，躲避高速冲过来的大型动物，从而使自己生存下来的。但随着文明的进步越发复杂，人类不能总是依靠没有逻辑的本能反应来行动，更需要拥有“慢思考”的能力，也就是理性思维的能力，而数学的价值就在于此。数学通过逻辑推理的训练，弥补了人类大脑固有的弱点，让我们可以更理性、客观地面对我们所生活的世界。甚至可以说，基于数学思维的分析会让我们明白，在有些时候看上去违反直觉的结果，反而有可能是正确答案。

我的一位朋友就曾经在加拿大的比萨饼店里，运用数学原理识破了服务员的“花招”。这家比萨饼店里的比萨饼有直径 9 英寸和 5 英寸两种规格（1 英寸 =2.54 厘米），我的朋友点了 9 英寸的比萨饼，但服务员告诉他，9 英寸的卖完了，并提议将它换成两个 5 英寸的。我的朋友稍微想了一下，便让服务员把老板叫来。老板来后连忙道歉，并又给了朋友一个 5 英寸的比萨饼作为补偿。

○ 比萨饼大小比的是面积而非直径

为什么老板“多送了一英寸”，却还要认错？这是因为，圆的面积公式是半径的平方再乘以圆周率（π），4.5 的平方是 20.25，而 2.5 的平方是 6.25。所以，即使拿到 3 个 5 英寸的比萨饼，我的朋友仍然是略微吃亏的，只不过误差已经不是很大，他也就原谅了比萨饼店的老板。

运用数学设计趣味魔术

数学在我们的生活中无处不在，甚至在魔术表演中也能大显身手。其实一部分魔术的设计，特别是以扑克牌为道具的魔术，就运用了数学中有关代数的一些知识和原理。不了解数学的相关知识和原理的人可能会觉得这类魔术很神奇，但如果懂一些代数知识，就可以轻易破解这类魔术的奥秘。

我们用一个简化过的扑克牌魔术举例。一副扑克牌有黑桃、草花、红桃和方块 4 种花色，每种有 13 张，加上大王和小王，一共是 54 张。但这项魔术只需要红桃和草花的各 13 张牌，将它们分别记为“红色牌”“黑色牌”。而后，从观众中选出一个男孩和一个女孩作为魔术师的助手。魔术师洗好牌后，翻开第一张牌，如果是红色牌，就把下一张发给女孩；如果是黑色牌，就把下一张发给男孩，以此类推。最终，魔术

名师讲堂：代数

代数是数学的一个重要分支，它的研究对象不仅是数字，还包括各种抽象化的关系。英语中的“代数”（algebra）一词源于阿拉伯语“al-jabr”，阿拉伯数学家穆罕默德·本·穆萨·阿尔·花剌子模（中国史料称为“花拉子米”）在 9 世纪创造了这个词，用来指代通过移项和合并同类项进行计算，并使方程式两边平衡的操作。

但代数实际上起源于更早的年代。有人认为，古希腊数学家丢番图创立了代数。而他的墓志铭也是一道数学题，以一元一次方程的形式描述了他自己的一生。

师手里会剩下13张牌，男孩和女孩手里总共会有另外的13张牌，但魔术师不知道他们两个人手里的牌分别是什么颜色。

此时，魔术师可以很确定地宣布，男孩手里的黑色牌的数量和女孩手里的红色牌的数量一定是相等的。而且，他还知道男孩手里的红色牌和女孩手里的黑色牌的差值。这听起来好像不可思议，但背后却有代数知识作为依据。

魔术师知晓的信息有：表演开始时自己共有红色牌和黑色牌各13张；表演过程中发出了13张颜色不定的牌；自己手里的13张牌里，分别有多少张红色牌和黑色牌。这时我们用代数的思想去分析整个表演，就可以将魔术师手里的黑色牌数量设为 a，红色牌数量设为 b；男孩拥有的黑色牌数量设为 x，女孩拥有的红色牌数量设为 y。那么，男孩拥有的红色牌数量便是 $a-x$，女孩拥有的黑色牌数量便是 $b-y$。这是因为，魔术师只要翻到了黑色牌，就会发给男孩一张牌，从而决定了男孩拥有的牌数总量必然是 a。当然，女孩拥有的牌数总量必然是 b，也是一样的道理。

这样一来，所有的红色牌数量就可以表示为 $b+(a-x)+y$，所有的黑色牌数量就可以表示为 $a+(b-y)+x$。由于表演开始时，红色牌和黑色牌数量

○ 运用数学公式就可以揭秘扑克牌魔术

○ 你还会利用扑克牌和数学原理变怎样的魔术呢

相等，所以就可以得到方程式：$b+(a-x)+y=a+(b-y)+x$。运用消除等号两边同类项的方式可以计算出 $x=y$，这便是“男孩手里的黑色牌数量等于女孩手里的红色牌数量”的奥秘。

至于另一个“预言”，实际上是要计算 $(a-x)-(b-y)$ 的数值。它实际上可以等价于 $a-b$。魔术师只要看一看手中的牌，算出红色牌数量和黑色牌数量的差值，就可以知道男孩手里的红色牌和女孩手里的黑色牌相差多少张。由此看来，看似神秘的魔术其实并不复杂。

意大利天文学家伽利略·伽利莱说过：“数学是上帝描绘世界的语言。”人类文明的进步得益于数学的发展。具有数学思维的青少年将会在认知世界的过程中深受其利。

互动问答

是赔了还是赚了？

你有两个玩具，但是你想把它们换成零花钱。你先把第一个玩具以 198 元卖给别人，赚了 10%；你又把第二个玩具以 198 元卖给别人，赔了 10%。这两次交易算下来，你到底是赔了还是赚了呢？赔了 / 赚了多少呢？

你赔了 4 元。假设第一个玩具的价格为 a 元，卖了 198 元，赚了 10%，所以 $a+0.1\times a=198$，得出 $a=180$ 元；同理，假设第二个玩具的价格为 b 元，卖了 198 元，赔了 10%，所以 $b-0.1\times b=198$，得出 $b=220$ 元。两个玩具原来的总价格为 180+220=400 元，而你卖了 198+198=396 元，所以赔了 400 − 396=4 元。

史艺：

北京一零一中学物理高级教师、北京市骨干教师、课程处主任，曾获海淀区优秀教师、海淀区三八红旗手、海淀区育人先进个人称号。获中国人民解放军科技进步二等奖、北京市基础教育课程建设优秀成果一等奖

◎ 学习物理知识，解决物理问题

史艺：谈谈物理问题的认识路径

扫一扫，看专家讲座视频

人类在与自然万物的互动过程中，积累了很多基础知识和基本概念，如时间、空间、位置、冷热、快慢等。对这些知识和概念的深入研究与总结，演变成了如今的物理学。可以说，物理学为我们打开了探寻自然规律、认识客观世界的大门。今天我们熟悉的很多物理概念、物理经典理论等，皆归功于一代代物理学家不断地探索和创新。

物理学同样是哲学

物理学是人类对物质世界的一些自然规律的总结。物理学在发展的过程中，引领着其他自然科学和工程技术的发展，最终进一步形成了跨学科的宏观认识。无论是生物学、化学还是地理学等学科，我们都会从物质的观点、运动的观点、能量的观点出发，全方位地看待和分析事物。

此外，物理学也是科学思想和科学方法的先导和集大成者。很多物理定律，如惯性定律、能量守恒定律、熵增定律等，都广泛地应用在经济学、社会学和人类的可持续发展等领域。从世界观和方法论的角度来看，物理学就是哲学，它反映了人类对微观世界、宏观世界和宇观世界的最高认识。

物理学家在探索客观世界的过程中采用的种种思维工具和思想方法，是我们在学习物理学过程中尤为值得关注的，我们将此称为“物理问题的认识方式”。认识路径是物理学认识方式的一个要素，是指在认识的起点到终点的过程中，系统化的思维模式和信息处理对策。

我们平时所熟悉的物理问题的认识路径包括理论分析、实验归纳等。此外，物理的认识路径还包括直觉想象或者假说。所谓“假说”，是在真理发展到一定程度后，物理学家遇到了一个新的事实，运用现有的规律无法解释，因而提出的一种以有限的事实和观察为基础的、新的假定性的解释。如果这个假说被证明是对的，就成了新的理论。比如，法国物理学家安德烈·玛丽·安培提出的分子电流假说，丹麦物理学家尼尔斯·玻尔提出的氢原子玻尔模型等。

探索“守恒量”的历程

一代代物理学家对“守恒量”的追寻，便是一个关于物理问题认识路径的

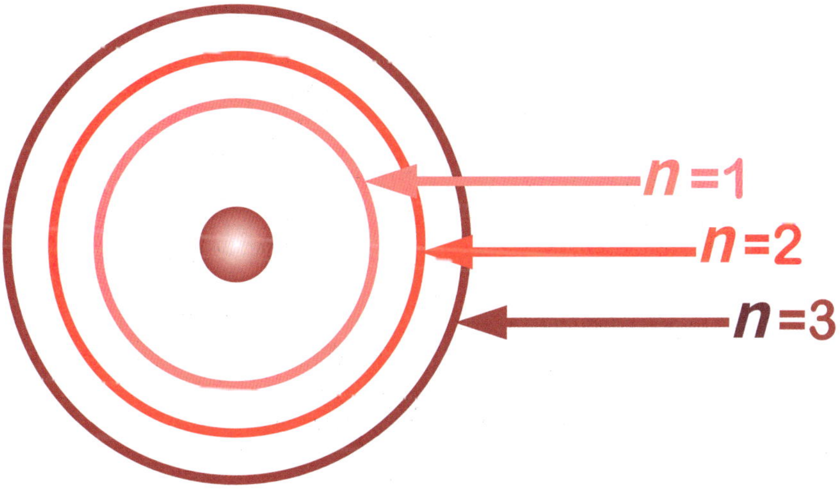

○ 氢原子能级图

典型例子。从16世纪开始，欧洲人的地理大发现与新航线的开辟，促进了世界经济的发展。城市的兴起促进了生活水平的提高，人们开始从关注生存转为关注周围的世界。人们发现，运动着的物体，如摆动的钟表、飞行的子弹、运行的机器等，如果不持续提供动力，最终都会停下来。那么，整个世界会不会像一架大机器一样，最终也会停下来呢？从古至今千百年来，人们对周围世界进行观察，发现宇宙并没有停下来的迹象。所以，人们需要找到一个合适的物理量来量度运动，需要找出什么在运动中是守恒的。

17世纪，法国产生了“笛卡尔学派”。勒内·笛卡尔是法国的“解析几何之父”，也是西方近代哲学思想的奠基人。笛卡尔在《哲学原理》一书中，把质量与速度的乘积作为物体运动量的量度。1668年，英国皇家学会就碰撞问题进行征文悬赏，其中的得奖者之一是荷兰的物理学家、天文学家克里斯蒂

○ 克里斯蒂安·惠更斯肖像

安·惠更斯。他纠正了笛卡尔不考虑动量方向性的错误，提出了完全弹性碰撞理论。他指出，物体的质量和速度平方的乘积在碰撞前后是保持不变的，这其实就是能量守恒定律的雏形。1676 年，法国物理学家伊丹·马略特提出了后来被人们称为“牛顿摆”的装置，让人们开始研究小球之间的碰撞，探索动能与动量。

名师讲堂：

牛顿摆

牛顿摆是由马略特在 1676 年提出的一种物理实验装置，由 5 个质量完全相同的球组成。它的设置是先将 5 个球分别用吊绳吊起，再提起最右侧的球并使其摆回，在撞到紧密排列的另外 4 个球的时候，有且仅有最左侧的球会被弹出，而后，这个球会摆回，并使最右侧的球被弹出。今天，牛顿摆已经成为一种常见的科技馆展品。

○ 牛顿摆

1686年，德国物理学家戈特弗里德·威廉·莱布尼茨提出，应该用运动产生的效果来量度物体的运动量。他提出了“活力”的概念，认为物体的质量和速度平方的乘积就是“活力”，是守恒的；宇宙中的“活力”总量也是守恒的。第二年，英国物理学家艾萨克·牛顿完成了巨著《自然哲学的数学原理》。在这本书中，牛顿明确地提出了“动量”的概念，来作为运动的量度。牛顿的这部著作构建起了经典物理学的体系，直到今天我们仍然在学习它。

科学促进了技术的进步。1679年，法国工程师丹尼斯·帕潘（又译为丹尼斯·巴本）制作了一个蒸汽机工作模型，它后来发展成了可以真正用于工业的蒸汽机。到了18世纪，英国工程师詹姆斯·瓦特改进了蒸汽机，将其变为一种可以带动很多机械设备的多用途机械。而后，蒸汽机技术的改进及其结果反过来也推动了科学的发展。在研究蒸汽机的过程中，法国物理学家让·勒朗·达朗贝尔发现了动量定理和动能定理的雏形。接下来，到了19世纪，法国的萨迪·卡诺和古斯塔夫·科里奥利等科学家及工程师在研究蒸汽机效率的过程中，定义了“运动的功”，也就是力和受力点沿力方向的位移的乘积。从此之后，机械功便可以和“活力”（动量）对应起来了。

19世纪40年代，德国的尤利乌斯·罗伯特·迈尔、英国的詹姆斯·普雷斯科特·焦耳和德国的赫尔曼·冯·亥姆霍兹等科学家，分别独立地总结出了能量守恒定律。19世纪后半叶，威廉·汤姆森（开尔文勋爵）精确定义了“能量”这个概念。

从物理学家研究的路径上看，追寻守恒量的研究经历了将近两个世纪之久。而在中学物理课程中，在前人得出的理论概念的基础上，我们可以通过实验、归纳的路径来认识守恒量，如牛顿摆的实验，

○ 詹姆斯·普雷斯科特·焦耳画像

以及设计两辆小车互相碰撞的实验；再利用光电门传感器来测量小车碰撞前后的速度；最后通过大量的实验数据，基于证据进行分析推理和归纳总结。

物理学中的类比分析

物理学研究不仅需要用到实验和归纳，也需要用到类比分析。在研究过程中，我们经常会比较和分析两个或者多个不同的对象，找到它们之间的相同点或者相似点，并以此为依据，将一个对象的特点和规律转移到另一个研究对象上，这便叫作类比思维。

比如，我们研究物体和地球之间的重力作用，它们之间就会有一种因重力

名师讲堂：守恒量打造“引力弹弓”

科学家用了近 200 年才推导出来的与守恒量相关的一系列规律究竟有什么用处？事实上，航天时代的我们仍然在享受着由与守恒量相关的一系列规律所带来的恩惠。从物理模型来看，如果两个小球碰撞前后的动量守恒，动能也守恒，也就是说发生的是完全弹性碰撞，那么它们碰撞前后速度差的绝对值是不变的。

航天和天体物理学当中著名的“引力弹弓”效应就是对这项科学原理的应用。如果让一个航天器在经过行星的时候，从行星公转方向的“后面”擦过去，就可以利用行星的万有引力来加速，达到非常大的速度。

2019 年春节期间热映的科幻电影《流浪地球》，就提到被改造成超级飞船的地球，要借助木星的“引力弹弓”效应飞出太阳系（太阳风的作用范围）。而在现实生活中，美国在 1977 年发射的“旅行者一号”“旅行者二号”星际探测器，就借助了木星、土星、天王星和海王星这 4 颗气态行星的“引力弹弓”效应。当时，这 4 颗质量巨大的行星处于一种特殊的排列位置，使探测器可以一次性探测它们，并利用“引力弹弓”效应更快地飞出太阳系。现在，这两枚探测器已经飞出了太阳系，成为真正的星际探测器。

而具有的、和相对位置有关的能，我们把它叫作重力势能。那么与此类似，我们在研究天体与天体、物体与弹簧、分子与分子、电场与电荷等之间的作用时，也会有相应的引力势能、弹性势能、分子势能和电势能。对于这些势能的研究，我们就要类比重力势能的规律。

在重力场中，重力做正功，重力势能要减小；重力做负功，重力势能要增大。我们可以由分子力做功的特点，来判断分子势能的变化。如果从平衡位置开始增大两个分子之间的距离，那么分子引力做负功，分子势能要逐渐变大；如果在平衡位置将两个分子之间的距离缩短，那么分子之间的斥力也会做负功，分子势能也要增大；而在平衡位置具有最小的分子势能。

我们对客观世界认识的深度，表现为微观层面的认识和由宏观量测量微观量的认识两个水平。其中较高水平的是微观层面的认识，它包括对微观结构的认识、从微观角度去解释宏观现象，以及通过宏观量来测量微观量。

比如，一个导体中有电流通过，这个现象在微观层面的解释就是金属里的自由电子都发生了定向移动。将这个导体放到磁场中，它就会受到安培力，而安培力的微观解释就是每个电子都会受到磁场对它的作用力，称为“洛伦兹力”。所以，安培力是洛伦兹力的宏

○ 爬楼梯时动力做负功，重力势能增大

观体现，而洛伦兹力又是安培力的微观解释。

我们再来看一下光现象。在宏观上我们看到的五颜六色的光，在微观上是如何产生的呢？电子在原子核外面绕着它转动，处于不同的能级。如果这个原子吸收了光子，就会使得核外电子向高轨道跃迁；如果原子向外放出光子，核外电子就要跃迁到更低的轨道，这就是发光现象。

有时，我们甚至可以用宏观量来测量微观量。油膜法测量分子的直径便是一个典型的例子。我们将含有油酸的酒精溶液滴到水面上，油酸酒精溶液就会形成一层单分子的油膜。如果我们知道这滴酒精溶液的体积和它展开的面积，就可以用体积除以面积来得到分子的直径。此外，利用双缝干涉来测量光的波长，也是用宏观量来测量微观量的典型例子。我们知道双缝间的距离、双缝和光屏之间的距离，以及我们测出的条纹间距。有了这三个宏观量的数据，就可以推导出光的波长这个微观物理量。

像科学家一样审视物理

将上述物理问题的认识路径结合起来，就可以让今天的人们感受到物理学体系被建构起来的过程。以日常生活中很常见且与电气时代密切相关的电磁感应为例，我们在研究电磁感应现象的时候，首先要从很多实验现象中归纳出产生感应电流的条件是闭合回路的磁通发

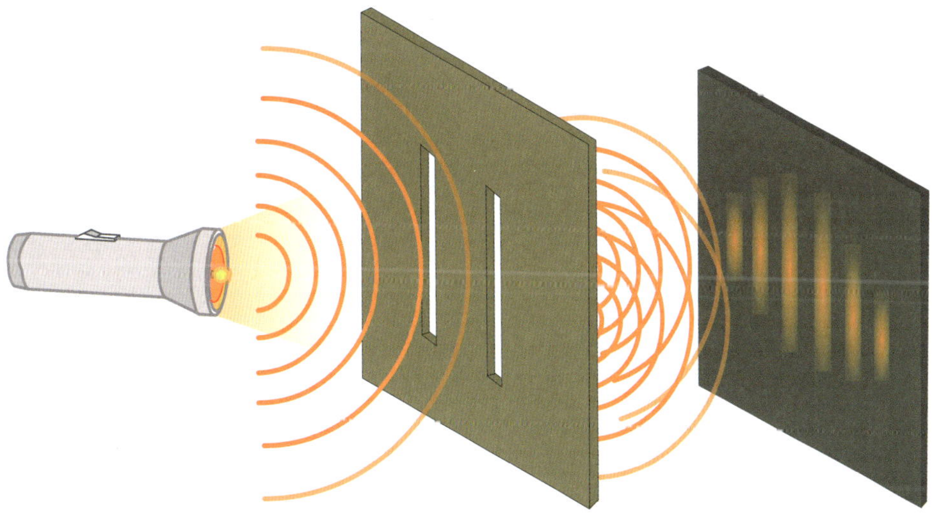

○ 双缝干涉实验示意图

生了变化。其次我们要研究感应电流的方向遵循什么样的规律，也就是楞次定律和右手定则。我们知道了感应电流的方向之后，还要看一看感应电流的大小与哪些因素有关，也就是感应电动势的大小。感应电动势的大小又可以分为感生电动势和动生电动势，而产生闭合回路的这一部分导体就相当于一个电源。只要是电源，就一定要有非静电力对电荷做功。

研究非静电力涉及电磁感应现象的微观本质。在感生电动势当中，变化的磁场会产生一种涡旋电场，使得电荷发生定向运动。涡旋电场力就是感生电动势当中的非静电力。而动生电动势则是导体棒在磁场中做切割磁感线的运动，使得电子由于感受到洛伦兹力而发生移动，造成导体棒两端正负电荷数量不等而产生电动势。在整个运动的过程中，洛伦兹力是不做功的。

○ 磁铁本身没有电，只有当磁场状态改变时才会产生感应电流

在整个对电磁感应现象认识的过程中，我们采用了实验归纳加理论分析和假说的方式。在这项学习与研究中，我们运用了变化与不变、从状态到过程的研究路径。比如，对于电生磁的现象，如果已经存在电流，那么我们用右手螺旋定则，就可以判断出它的磁场方向。但是一个磁铁本身不能直接产生电流，只有让磁场状态发生变化才可以产生电流，即磁场从一个状态到另一个状态发生了磁通量的变化，才能产生感应电流。当然，电流不会凭空出现，回路中有了电能，就要消耗其他形式的能。整个能量是守恒的，楞次定律就是能量守恒定律在电磁感应现象中的体现。

我们在查看感应电动势大小的研究过程中，也从定性到定量，先判断感应电动势的大小和哪些因素有关，比如，和磁通量这样的变化量及变化的时间有关；再具体地做定量实验，研究磁通量的变化量，以及与时间有关的感应电流大小，这就是类比分析的思维路径；最后思考在宏观上看到的感应电流在微观上该如何解释。这就是从宏观到微观、从现象到机理的认识路径。

物理课本上的概念与习题显然并不是物理学的全部。想要真正将物理学这门课程“学通”，回溯科学家建构物理学体系时使用的思维方法，是一种值得借鉴的途径。

互动问答

简单讲讲物理学中的实验归纳、类比分析

实验归纳：通过设计实验，收集大量实验数据，再基于证据进行分析推理和归纳总结的方法就是物理学中的实验归纳。比如，通过实验归纳的路径认识守恒量。

类比分析：通过比较和分析两个或多个不同的对象，找到它们之间的相同点或相似点，并以此为依据，将一个对象的特点和规律转移到另一个研究对象上，这叫作类比思维。比如，电势能和分子势能的学习可以类比重力势能，卢瑟福提出的原子核式结构模型可以类比太阳系和行星运动模型。

全芙君：

北京师范大学第二附属中学高级教师，西城区骨干教师

○ 洁净的水源，清澈的生命

全芙君：以水的净化为例谈化学

扫一扫，
看专家讲座视频

水被认为是“生命之源”，是人类生存的必需品。对于人类而言，拥有洁净、安全的饮用水，是健康生活的基础。然而，适合饮用的水并非随处可得。比如，我们熟悉的城市自来水系统，随时可能因为灾难瓦解；而对于远离文明的探险者及离开地球的航天员来说，想要获取干净的饮用水更非易事，需要付出更为艰辛的努力，甚至需要借助化学和科技的手段来实现。

自来水并非“自来”

每个人想要存活都需要喝水，但城市自来水系统并不是坚不可摧的。你也许会记得长时间停水带给你的焦躁，但假如你居住的城市不幸遭遇了强烈地震，或者浸泡在洪水之中，那么自来水系统将会瘫痪，导致无法提供干净的饮用水。在这种情况下，你可能需要设法制造一个简单的过滤装置，来保障自己的生存。

想制造出能将污水过滤成饮用水的

装置，就要先明白自来水管里的水是怎么净化的。自来水管里的水是经过水厂的过滤池过滤而来的。过滤池的上层是砾石，下层是沙子，水通过过滤池后，能将其中比较大的杂质过滤掉。

可以用一个扎了小孔的矿泉水瓶来模仿过滤池，里面放一些小卵石和沙子，或者不同大小的豆子，制作一个简易的水过滤装置。此外，还可以用生活中的其他物品来充当过滤材料，如干净的口罩、无纺布、毛巾等。

过滤池的最下面有一层活性炭，是通过将椰子壳、坚果壳等有机原料隔绝空气加热后与气体发生反应得到的。其原理是椰子壳、坚果壳等原料的表面被侵蚀后，会产生孔状结构，使活性炭具有极高的表面积和吸附能力。每克活性炭的表面积能达到1500平方米，这使活性炭能够吸收水中很多污染物质，比如，去除水中的臭味，清除重金属离子等，从而实现净化污水的目的。

在一些水源被污染的事件中，人们也会通过投放活性炭来吸附污染物。在没有自来水厂的偏远农村，人们往往会自制带有活性炭或木炭的过滤装置来净化雨水、河水或地下水。

军队在野外执行任务或进行训练

○ 带有活性炭的净水装置

时，常会就地取材通过各种过滤方法获得干净的水。他们有时会利用植物来过滤水。其实一些植物本身就是天然的过滤器。例如，芭蕉树的树干部分疏松多孔，且分成很多层，就是一种很好的过滤水的材料。

衡量水是否可以供人饮用，通常有4个标准：人的感官、水的化学指标（常见的金属盐的含量）、毒理学指标（有毒物质的含量）和细菌学指标。因此，经过过滤的水，一般不能直接饮用，此时水虽然已经不再浑浊，也没有异味，但仍可能含有细菌和病毒。所以，在野外获取的水，过滤之后最好煮沸再饮用。

自来水厂通常使用化学品来消灭水中的病原体。其中氯气是最常用的消毒剂，这利用的是氯气的强氧化性。不过氯气有毒，且携带不便，因此，野外探险者或在野外执行任务的人常会携带其他净水药物，如高锰酸钾。高锰酸钾也是一种强氧化剂，能快速杀死水中的细菌，且携带方便，因此常被人用作野外消毒剂。又如，前往地震灾区的救援队往往会携带次氯酸钠来对水进行消毒。次氯酸钠同样是一种可以给水消毒的强氧化剂。除此以外，微波、紫外线常通过攻击水中细菌DNA的方式让它们丧失繁殖能力，从而达到杀菌的目的。

随着工业的发展和城市人口的增长，城市的污水排放量大到惊人。为了减少污水对自然界水体的污染，我们需要兴建污水处理厂，清除水中的污染物后再进行排放。

污水中含有的部分杂质微粒半径很小，无法被过滤系统阻挡，也不能被活性炭吸附。为了改变这种情况，污水处理厂会将明矾加入污水中，形成一种像果冻一样的物质黏附住灰尘和泥土，从而沉入水底，最终将干净的水留在上方。

明矾净水利用了胶体的聚沉原理。它与水发生化学反应形成带正电荷的氢氧化铝胶粒，而天然水中的悬浮粒子一般是带负电荷的，它们结合后水中的杂质就会被氢氧化铝胶体吸附，使水得到净化。事实上，除了生活污水，一些工业企业（瓷窑厂、造纸厂、药厂等）产生的污水，也同样适合用吸附的方式来净化。

○ 明矾晶体

化学沉淀法和电解法是很好的去除水中常见的杂质微粒的方法，而物化法和生物法则是处理水中重金属污染的重要方法。其中，物化法主要包括萃取分离、离子交换膜分离、混凝及吸附等；生物法主要包括生物吸附法、生物活性污泥法、植物修复法等。

淡化海水的途径

膜分离法是一种常见的污水处理方法，此外它还有一个更重要的用武之地——海水淡化。由于地球上的淡水资源有限，缺乏饮用水是目前人类面临的危机。由此，人们想出了一系列的方法来将海水转化为淡水。

今天我们使用的膜分离法其实是一种仿生学的成果。1950 年，美国的一位科学家无意中发现，海鸥在海上飞行的时候，会猛然喝下一大口海水，隔几秒后再吐出一小口海水。按照当时的生物学知识，所有用肺呼吸的动物不能直接饮用高盐分的海水，但为什么海鸥是例外呢？经过研究，这位科学家发现，海鸥的嗉囊位置有一层薄膜，可以将海水过滤成可饮用的淡水。净化后的淡水被海鸥饮用，而含有杂质和高浓度盐分的一小部分海水则被海鸥退回嘴里吐出去。

科学家由此得到启发，并在 1953 年发明了膜分离法。该法是利用只允许溶剂透过、不允许溶质透过的半透膜将海水与淡水分隔开的。在通常情况下，淡水通过半透膜扩散到海水一侧，从而使海水一侧的液面逐渐升高，直至一定的高度才停止，这个过程称为渗透。此时，海水一侧高出的水柱静压称为渗透压。如果对海水一侧施加一个大于海水渗透压的外压，那么海水中的纯水将反渗透到淡水中。

反渗透技术是海水淡化技术中发展最快、最先进且最节能的技术之一。而反渗透的核心材料是反渗透膜，它的孔径比细菌和病毒要小得多。这也使得它变得极为脆弱，需要特殊保护。在一般情况下，反渗透膜含有 3 层结构，最顶层是超薄分离层；中间是多孔支撑结构，由抗压性能较强的多孔材料构成，起到支撑和保护作用；底部的织物增强层可以增强膜的机械强度。经过这样处理后的膜片才能承受一定的水压，在实际的水处理过程中发挥作用。

由于反渗透的过程简单且耗能低，近 20 年来得到了飞速发展。现在，反渗透膜技术被大规模地用于海水、苦咸水的淡化，锅炉用水的软化，废水的处理，各种乳品、果汁的浓缩，生化、生物制剂的分离和浓缩等领域。此外，它还悄然走入了千家万户，家庭用净水器中的核心装置也是反渗透装置。

除了膜分离法，在海水淡化方面，还可以用离子交换法。它的原理是利用人工合成的离子交换树脂来吸附海水中的离子。而离子交换树脂的结构中带有许多氢离子和氢氧根离子。其中，氢离子和海水中的钠离子等阳离子进行交换；氢氧根离子则与海水中的氯离子等阴离子进行交换。交换时，把海水中的离子留在离子交换树脂的内部，被交换出来的氢离子和氢氧根离子发生酸碱中和反应，变成水流出交换树脂，从而达到海水淡化的目的。

离子交换法和膜分离法并非仅用于实验或某些特定的领域，如今，它们也被用在了人们的日常生活中。如现在市面上有不少与户外运动相关的净水产品，便是综合了离子交换和反渗透等技术，方便人们在野外生存时也能喝到洁

○ 反渗透水处理装置

净、安全的水。

无论是膜分离法还是离子交换法，思路都是设法让各种杂质从水中脱离。如果我们换一种思路，是否可以让水主动与杂质分开呢？蒸馏法便是这种思路。在加热海水时，由于盐类的沸点较高，因此其会留在水中；部分水则汽化变成水蒸气后经过冷凝器冷凝又变成液体，将液体收集起来后便得到可以饮用的淡水。

蒸馏法是人类最早投入工业化应用的海水淡化技术，也是当今主流的海水淡化技术之一，其优点是技术和工艺成熟，易于实现，不受海水含盐量的限制，所得的淡水纯度高，进入装置的海水也不需要经过预处理。此外，在野外生存的情况下，也可以用类似的方法得到洁净的饮用水。例如，利用树木呼吸可以释放出水的现象，用塑料袋套在长满树叶的树枝上，经过一段时间后，塑料袋里就会有露珠，取下后这些露珠便可以当作水直接饮用。

航天用水最艰难

虽然在野外生存条件下获得洁净的饮用水非常不易，但比起航天员的处境来还是要好很多。航天发射成本昂贵，将物品送到地球轨道（如空间站）的价格是每千克 4 万～5 万美元。也就是说，将 1 千克普通的饮用水送到太空后，其就与 1 千克的黄金等价。

所以，载人航天器及空间站的货运飞船都不会运送大量的水进入太空。航天器在设计的时候，就要将几乎所有的水收集起来，在密闭的体系里设计出合理的循环利用路径。

20 世纪 80 年代，苏联建造的“和平”号空间站被认为是人类拥有的第一个可以长期居住的空间研究中心。它拥有一套当时比较先进的水循环系统，航天员的生活废水、尿液和冷凝水被统一收集到废水回收装置中，经过不同程度的杂质处理和净化后，分别用作卫生用水、饮用水，甚至还可以用作电解制取氧气的原料。所谓冷凝水，就是航天员新陈代谢产生的水，如呼出的水蒸气经过冷凝后产生的水。航天员在空间站中通过呼吸、排汗等代谢活动，每人每天大约产生 1.5 千克的水。这些冷凝水经过处理后，可以满足航天员每天饮用水需求的 80% 左右。

中国在建造了两个有实验性质的“目标飞行器”后，开始兴建自己的“天宫”空间站，为航天员在太空中提供一个长期稳定的生活和工作空间。作为载人航天领域的后起之秀，中国的空间站上搭载了功能更为强大的净水设备。考虑到航天器内有限的空间，这个净水设备将过滤、吸附、离子交换、氧化消毒等方法汇集到一个大的集成设备中。各种各样的水，甚至是汗水和尿液，经过这个系统处理后，都可以成为能饮用的高纯度水，从而保障航天员正常的生活需求。

尽管在太空中得到洁净的水非常艰难，但为了全人类的福祉，航天员们仍然选择飞向太空。航天员都受过专业的训练，这可以让他们在水资源极度稀缺的太空环境中生存下来，并不断研究，为人类探索知识的新边疆。

○ “天宫”空间站上搭载了强大的净水设备

互动问答

如果生活在野外，那么你能通过几种方法获得饮用水？写出需要的工具（野外可以携带）和方法。

第一，通过烧水获取饮用水，需要水壶和生火工具。在野外捡一些柴火，将水壶装满不可饮用的水，架在架子上，用生火工具点燃柴火，壶内的水会因为加热而变成水蒸气，水蒸气遇到凉的壶盖会变成水，这个水就是饮用水。

第二，通过制造过滤装置获取饮用水，需要矿泉水瓶、剪刀、棉布和石子。将矿泉水瓶底部切开，放入棉布和石子，将不可饮用的水从矿泉水瓶切开的底部倒入，经过棉布和石子过滤后的水会干净很多。如果水源中不含有对人体造成危害的病毒和细菌，那么过滤水基本可以饮用。

第三，利用树叶“呼吸”获得饮用水，需要塑料袋。将塑料袋套在长满树叶的树枝上，一段时间后，塑料袋里就会有可饮用的水了。

张根发：

北京师范大学教授、博士生导师，北京师范大学植物分子遗传及作物育种重点实验室主任。2009—2017 年期间，受学校委派出任北京师范大学 - 香港浸会大学联合国际学院教务长

○ 3D 模型 DNA 示意图

张根发：如何学好生物学之浅见

扫一扫，
看专家讲座视频

生物学的发展日新月异，与人们衣、食、住、行密切相关。如何学好生物学，并通过生物学思维打开视野，收获更多知识，是广大青少年普遍关注的问题。

榜样的力量、兴趣的驱动为我们打开了生物学探究之门。然而，生物学硕果累累的背后是生物学家们长年累月的默默坚守和持之以恒的不懈追求的结果。因此，想要学好生物学，必须要有广泛的阅读兴趣、扎实的基础理论知识、不断创新的精神及矢志不渝的坚守。

见贤思齐，学习榜样

每当提起一生致力于粮食增产，就会想起把中国人的饭碗牢牢端在自己手里的杂交水稻之父——袁隆平院士，他默默耕耘、无私奉献的一生。袁隆平院士将“禾下乘凉、覆盖全球”的个人梦想与“解决中国人民的温饱、保障国家粮食安全”的国家命运紧密联系在一起，直到去世前，他仍辛勤劳作在水稻育种的前沿，为国家粮食安全和世界粮食产量增收贡献着自己的力量。

自古以来民以食为天，能够吃饱饭是人生存于世的最为基本的条件。然而，现如今，世界上仍有许多发展中国家因为自然灾害、贫穷、战争等原因而吃不饱饭。由袁隆平及其带领的团队研制成功的杂交水稻技术被推广开来后，极大地提高了粮食产量，改变了这些国家常年缺少粮食的状况。

杂交水稻的探索过程艰巨而漫长，袁隆平从 1964 年开始研究杂交水稻，1973 年成功创建了雄性不育系、雄性不育保持系和雄性不育恢复系的“三系”

○ 杂交水稻之父缅怀纪念漫画

配套体系，在世界范围内首先攻克杂交水稻制种与高产的关键技术，打破水稻这种自花传粉植物没有杂种优势的传统观念，实现水稻的大面积生产。

○ 杂交水稻技术能够极大地提高粮食产量，减少“吃不饱”问题

名师讲堂：

杂交水稻的升级

1999 年，第一期超级稻完成亩产 1137.5 千克的高产纪录，在此之后，由袁隆平带领的研究团队不断刷新亩产纪录。到 2020 年，第三代杂交水稻已能实现亩产 1530.76 千克。

科学的研究必定会遇到很多挫折，而面对困难我们需要有锲而不舍的精神和坚持真理的信念。袁隆平就是这样，几十年如一日地下地试验，虽屡遭失败，但他仍初心不改，默默坚守，最终成功地获得了一个又一个高产水稻新品种。

挖掘兴趣，确定目标

生物学的学习需要以内在的兴趣作为驱动，找到关键点，确立目标，并矢志不渝地去追寻。

“呦呦鹿鸣，食野之蒿。”可以说从出生时起，屠呦呦的名字就与青蒿素结下了不解之缘。2015 年，屠呦呦因发现青蒿素能够治疗疟疾而获得诺贝尔生理学或医学奖，这也让她成为中国历史上第一位获得科学类诺贝尔奖的科学家。

求学时，屠呦呦曾不幸染上肺结核，甚至被迫终止学业，后来经过两年多的治疗才有所好转，这也使得她对医药产生了浓厚的兴趣。1951 年，屠呦呦以优异的成绩考取了北京大学医学部，并选择了当时并不热门的生药专业。在生药专业学习之际，她又对生物化学、植物分类学产生了极大的兴趣。1955 年，毕业后的她被分配至中国中医科学院中药研究所，从事中医药的研究。

20 世纪 60 年代，鉴于屠呦呦优秀的科研能力，她被委以重任，带领团队进行抗疟药研发的任务。屠呦呦团队通过查阅大量古籍文献和多次的试验尝试，不断改进青蒿素提取方法，最终发明了低温提取青蒿抗疟有效成分的方法。

○ 青蒿

新的发现往往需要不断地试错，可能会有成千上万次的失败，但是需要不断努力并仔细分析每一次失败的原因，并从中吸取经验教训。同时要敢于突破以往的经验，大胆创新、勇于探索，方能独辟蹊径获得成功。

强健体魄，胸怀天下

出生于医学世家的钟南山院士，长期致力于呼吸道疾病的研究。从“非典”到“新冠”，他一直不遗余力地为中国人民的生命安全保驾护航，是国家和民族的忠诚卫士。

2002 年，SARS 暴发。钟南山院士第一时间赶赴一线进行救治，并运用博学的医学知识和深厚的学术积累，在坚持实事求是，遵循客观规律的基础上，提出一系列封控管理、建立方舱医院等的措施，协助国家进行抗疫。到 2003 年，SARS 得到全面控制，中国人民取得抗击疫情的伟大胜利。

2019 年，新冠病毒感染疫情暴发，此时的钟南山院士已 86 岁高龄，但他依然坚守在抗疫一线，给医务人员和民众带来了极大的鼓舞和信心。钟南山院士一生忠于党、忠于人民，在国家两次遭遇重大传染病疫情时都挺身而出。

医学报国，是钟南山院士伟大理想和抱负的最好体现。我们应当学习钟南山院士这种在关键时刻敢于担当的精神，遇到困难不退缩，坚定理想信念不动摇。钟南山院士用自己的行动勉励了青少年，如果想全身心地投身科研工作，就需要拥有强健的体魄，注重体育运动，养成良好的生活习惯。

书读万卷，开阔视野

“书籍是人类进步的阶梯。”如今，电子设备越来越普及，人们的工作、学习压力也越来越大，但我们依然需要读书，需要进步。那么我们都需要读什么书呢？

说到读书，很多人可能首先想到的是读与专业相关的教科书。但事实上，除了教科书，还可以阅读一些与教科书相关的科普书籍来激发自己的兴趣点，扩充自己的知识面。不过，在阅读的过程中，如果遇到一些疑问，可不用过于深究，要学会有的放矢，因为在以后的学习过程中，我们一般都会学到。

除了与专业相关的书籍，也可以读一些其他领域的书籍来培养自己思维的敏锐度。学史使人明智，我们现在遇到的问题，可能以前的科学家们也遇到过，因此学习科学史也非常重要，这可以让我们了解以前的科学家在遇到问题时的

○ 读书开阔人的视野

处理态度和方法是怎样的。

《普通高中生物学课程标准（2017版）》提出："生物学既要让学生获得基础的生物学知识，又要让学生领悟生物学家在研究过程中所持有的观点，以及解决问题的思路和方法。"

为了达到这一目的，我们需要阅读一些科普类书刊，让我们更好地理解晦涩难懂的生物学知识。

此外，课余时间丰富的同学还可以阅读一些看似与生物学无关、实则会潜移默化地培养我们的科学素养的文章。比如，古文《岳阳楼记》中提到的"不以物喜，不以己悲"的态度，就启发我们要有"钝感"，不要因为一些小事的得失或喜或悲，这种态度能让我们排除外界的干扰，专心学习。

阅读对于我们来说，是一个输入知识的过程。因为知识输入的方式不单指聆听老师讲课，更重要的是自己主动地阅读吸收。如果想要培养创新性思维和生物科学素养，就必须要有锲而不舍的精神和乐观向上的态度，以及对知识持续不断的输入。

创新思维，深度思考

在学习过程中，大多数人都缺乏独

立思考的能力，而更倾向于老师传授知识，并认为老师讲的都是对的。但事实上，在学习的过程中，我们应该从学习者的角色转变到思考者乃至思想者的角色上来。试想，我们在上作文课时，是不是觉得听老师讲解技巧很轻松，但一到自己上手写就绞尽脑汁无从下笔呢？为何会这样呢？因为我们缺少了独立思考的能力。而在科学研究中，独立思考能力更为重要。那么如何让自己成为一名思考者呢？

首先要做到在思想上勤奋。例如，起初的蒸汽机效率低，瓦特创造性地设计了分离式冷凝器，减少了能量的浪费，极大地提高了蒸汽机的热效率。这种提高效率的方式可以理解为在思想上勤奋，就可以减少行动上的“白费功夫”。

深入思考极大地提高了工作的效率，减少了单纯的机械性工作，让我们可以有更多的时间做有意义的事情。

思想比思考还要难，那么如何做到有思想呢？首先，一定要学会思考，有创新性的独立思考能力。然而，创新性的独立思考是建立在丰富知识之上的。仍以上述例子为例，瓦特改良蒸汽机的时候，就已经具备了扎实的机械相关知识，如果没有知识做基础，仅凭天马行空地想象是不可能改良蒸汽机的。因此要做到有思想，就要具备广博的生物学知识，而后在此基础上，对有兴趣的目标进行深入思考，逐渐形成自己处理问题的一套思维体系，最终形成自己的思想。

要想学好生物知识，除了要充分认识思想上的“勤奋”与“懒惰”，还要学会处理“敏感”与“钝感”。什么意

○ 钝感更有助于克服困难

思呢？很多成绩优秀的同学，往往在遇到失败时容易承受不了打击，这就是太敏感。钝感就是面对失败不会过于在意，更不会因为失败一蹶不振。

多一些钝感，就更容易专注于自己的事情。在生物学实验中，70% 的实验都可能是失败的，如果过于敏感就会因为一些小事萎靡不振，影响接下来的工作。因此思维的钝感也有利于成为一名专注者。

对于培养创新性思维和能力而言，批判性学习是非常重要的。对于课本上已有的知识和老师讲授的内容，要在理解的基础上接受，而对于不理解或者无法理解的内容要敢于提出质疑。需要注意的是，产生疑问的时候先不要着急去全盘否定，而是要开动脑筋去思考如何用证据验证自己的观点是正确的，这样才能让自己拥有知行合一的辩证思维。

知行合一，提升感悟

生物学是一门实验学科，并不是通过背书就能够掌握所有知识，特别是在研究型学习中，实验操作是非常必要的。理论的学习应该与实验操作相结合，而实验操作也应当建立在扎实的理论基础之上。对于学生来说，可以自己给自己创造进行实践的条件，比如，在学习植物的吸水和失水时，可以自己在家腌制

○ 通过生活中的腌萝卜可以理解植物的渗透失水原理

植物，动手操作后就会发现高盐的条件会让蔬菜萎蔫，从而更深入地理解植物的渗透失水原理。

实践是检验真理的唯一标准，动手操作时不能只机械地照搬实验步骤，应该有一双能发现细节的眼睛。生物学实验中往往会有很多实验数据，如果不能很好地分析处理这些数据，导致不能从实验结果的观测中发现问题，就很容易做大量的无效工作，所以实验要避免盲目性。同时生物学实验需要非常细心，如移液枪需要合适的量程，加完一个样品之后就需要丢弃枪头。如果实验中略微走神儿，或是某一步忘记换枪头，就可能导致整个体系配置出现错误，让实验失败。所以做实验时每一步都需要认真、细致，并做好实验记录和总结。

学好生物学，不仅需要树立远大目标，向先贤榜样学习，坚定理想信念，还要深挖学习兴趣，培养创新能力。而创新能力的培养需要我们平时养成创新思维。那么具体如何做呢？可以在日常学习中通过多阅读好书来开阔视野、增加知识的广度，通过多提问、多思考来增加知识的深度。总之，牢记初心，不懈努力追求和探索，就一定能达到胜利的彼岸。

○ 开展生物学实验时要细致、认真

互动问答

学好生物学需要牢记哪几点？

1. 见贤思齐，树立理想信念，向生物学领域的优秀科学家学习。

2. 挖掘自己在生物学方面的兴趣，确定目标，培养生物学相关的兴趣爱好。

3. 拥有强健的体魄和坚毅的品质，矢志不渝地攀登生物学这座高峰。

4. 多读书，专业书籍和非专业书籍都要涉猎，扩宽视野。

5. 学会思考，有自己的思想，培养创新精神。

6. 埋头实践，知行合一，理论与实践相结合。

陈虔：

北京航空航天大学教授，获得“2005 中关村创新人物”称号

H2
H
H
H
H
H2

○ 神秘的大数据技术

陈赓：计算机科学——大数据技术与生活

扫一扫，
看专家讲座视频

今天，我们时常在新闻报道中看到“大数据”的说法。在不经意间，大数据技术已经成为我们日常生活中的一部分。从巨量数据里找出规律，继而通过特定的方法利用它来创造价值，是信息时代的技术结晶。想要完成这样的任务，有赖于计算机科学的全面进步。但在为生活提供方便的同时，大数据技术对公众隐私的侵犯及不正当的、负面的运用，也为我们的生活带来了很多困扰。

“大数据”究竟是什么

计算机科学是一个加速发展的领域，层出不穷的全新理念和科研突破，以及根植其上的新技术，甚至会让资深从业者都感到难以招架。在中国，生于20世纪60年代或70年代的人，从出生到成为社会中坚力量的时间，与个人计算机和互联网从新兴到普及的时间大体同步。但在他们看来，移动互联网和大数据这种改变世界的新技术，在大多数人还没有准备好的时候，就已经闯进了人们的生活。

如今，“大数据”已经成为出现在媒体和日常生活中的高频词汇，但想要准确解释这个词却并不容易。事实上，很多人在日常生活中感受到的便捷或不便，背后都有大数据的影子。生活在信息时代的我们，在日常生活中早已离不开网络。但在浏览网页的时候，你可能会发现浏览器或网络购物软件在为你推送与你曾经搜索或浏览过的内容类似的信息。比如，你曾经在购物网站上买过某种生活必需品，像杀虫剂、袜子或者沐浴露，那么软件就会更频繁地向你推荐类似物品。

这种现象产生的原因并不难解释。当人们通过网络查询某条信息或搜索某个关键词时，这个行为就产生了数据。专业的信息数据公司会分析这些数据，推断出网络购物账户的主人更关心哪些商品，并让它们更频繁地展示出来。这些数据分析工作其实是建立在人类社会“信息爆炸”的基础上的。计算机和互联网技术的不断发展，使人类社会生产了在数量上远远超过“前信息时代”的

○ 手机软件越来越便利的背后是大数据的支撑

信息。这就使按照特定方法分析信息，并从中找出规律成为可能。比如，一个人频繁地搜索某种商品，可能意味着这个人会重复购买。虽然有人反感网络购物软件（网站）过度的“善解人意”，但对此无所谓甚至感到惊喜的人，就有可能因此买下更多商品。

既然如此，“大数据”究竟是什么？这个词其实并不仅仅指巨量的数据，而是指不仅总量惊人，还拥有一系列特征的数据。当然，总量惊人还是大数据的第一项特征。

自从 1946 年人类建造了世界上第一台通用电子计算机 ENIAC 以来，计算机的运算速度在 75 年间取得了惊人的进步，运算功能也越来越强大。与之相伴的是，世界各地的计算机无时无刻不在产生着巨量的数据。特别是在互联网被发明之后，大量的数据随着互联网的成长在世界各地不断流淌。现在一台智能手机的运算能力已经远远超过 1969 年美国“阿波罗”登月计划时使用的超级计算机。而全世界每天产生的数据量，也是“阿波罗”登月计划时代

○ 大数据不只巨量，还有一系列特征

名师讲堂：ENIAC

ENIAC（Electronic Numerical Integrator And Computer，电子数字积分计算机）于 1946 年 2 月 14 日在美国诞生，被认为是世界上第一台通用电子计算机。也就是说，它可以通过重新编程，来解决各种计算问题。

受制于研制时的电子科学技术基础，ENIAC 的运算功能需要用巨大且易损坏的电子管来实现。这台计算机共使用了 17468 个电子管，以及大量其他电子元件，这使得它重达 30 余吨，需要占据 170 平方米，必须安排专门的房间来存放。ENIAC 每秒可以完成 5000 次加法运算或 400 次乘法运算，这在今天看来并不算什么，但在当时已经称得上奇迹了，因为这样的成绩远远快于人类手工计算和通过电磁继电器开合与电动机旋转来计算的机电式计算机的计算速度。

1955 年，ENIAC 在遭受一次严重的雷击后宣告退役，随即被拆解。残留的组件除极小一部分被英国伦敦科学博物馆收藏外，大多由美国各地的博物馆和高等学府收藏与展览，成为珍贵的科技文物。

所无法想象的。20 世纪 90 年代中期，中国向普通公众开通上网服务后，越来越多的中国人也加入了全球范围内创造数据的大潮。

为了描述巨量的数据，计算机科学界设计出了一套专门的计量单位。大多数人在生活中接触到的单位是“吉位元组”（GB）和“太位元组”（TB），换算关系是 1TB=1024GB。目前，大多数家用计算机的硬盘容量可能是几百 GB 或者几 TB。但在 TB 之上，还有一系列在日常生活中很难用到的单位，每一级代表的数据容量都是前一级的 1024 倍，最大的单位是“馈位元组”（CB），它代表的数据量是 1TB 的 280 倍，这是一个人得惊人的数字。

计算机的数据会以各种各样的方式存在。它可能是存储汉字的字库，做文章的软件，电子邮箱里的邮件，微博上的一条条博文，短视频软件里无数或长或短的视频，电子地图里的导航信息，物联网里正在传输的农业大棚环境信

〇 计算机的运行速度得到了大幅提升

息，智能腕表捕捉的运动员实时健康状况……这些大数据如同无数碎片，看似散乱，却可以勾勒出一个人的方方面面，如喜爱的食物、服装，甚至工作单位的人际关系和每天的生活轨迹。

想想看，全世界有大约 80 亿人，一个正常死亡的人，一生大约会活 3 万天。每个人在一生中经历的种种事件，还有他（她）同社会的联系，都在不断地产生数据。因此，可以说，整个人类社会的数据总量是非常惊人的。随着互联网逐渐转向物联网，将人类带到“万物互联”的时代，人类社会的数据总量还会进一步大幅扩增。这些数据形式多

〇 高速运行的计算机方便了人们的生活

样，而且看上去杂乱无章，但如果善加运用，也会从中挖掘出宝藏。

大数据，“岂止于大”

苹果公司在发布 iPhone 6 手机的时候，将宣传语 Bigger than Bigger 翻译为“岂止于大”，表示这款新的手机不仅尺寸更大，也会为用户提供更多令人惊叹的功能。这个短语在大数据领域也同样适用。大数据并非仅仅是“数据大”，在惊人的总量之外，它还拥有其他几项特征。

大数据的第二项特征是“非结构化”。人们在日常生活中接触到的数据通常是结构化的，如一张制作完成的 Excel 电子表格，里面填写着各种整理好的数据。即使是办公软件的初学者，也可以很容易理解和处理这些数据，并根据它们制作各种图表。比 Excel 表格稍微复杂一些的是数据库，但其中的数据也是结构化的。

而在大数据领域，可供分析的数据素材通常是非结构化或者半结构化的。也就是说，它们很难经过简单的整理就被存入传统的关系型数据库中。或者说，（有待分析的）大数据是由大量散碎的细节逐渐汇聚而成的。一个人网络购物的历史就是如此，随着年龄的增长和家庭角色与身体健康的变化，促使一个人在特定时段里频繁地购买某种商品，或者几乎永久地放弃某种商品。与之相应的是网络购物对物流的评分机制，以及快递服务网络自身的调整等因素，也会使得各家快递公司在这个人的网络购物订单中占据的份额发生变化。

大数据技术的价值便是需要通过对这些网络购物记录的分析，包括商品种

名师讲堂：

关系型数据库

关系型数据库是指采用了关系模型来组织数据的数据库。它以行和列的形式存储数据，或者说用一组表格组成数据库，使人很容易理解其中存储的内容。世界上大约 90% 的数据库都是关系型数据库。

类、购买时间甚至退货等事项，尽可能精准地判断买家当前的生活状态，为接下来的商品展示甚至折扣设置提供依据。由于网络购物的人和他们的订单多得难以计数，对订单的整理远远超出人力可以负担的极限，所以，分析网络购物记录这样的工作往往是由具有机器学习能力的人工智能来承担的。

这也正是为什么建立“大数据中心”并不等于建造了存储这些数据的机房。“大数据中心”是一个虚拟的或者说逻辑层面的概念，而不是一个物理层面的概念。或者说，“大数据中心”并不是传统意义上的数据仓库，而是一个能解读和分析大数据的智能系统。

大数据的第三项特征就是数据的价值密度很低。有价值的信息会被淹没在巨量的数据当中，只有经过专门的处理，有价值的消息才有可能被开发出来，使它们发挥应有的价值。可以说，分析大数据的工作如同 19 世纪的淘金客，滤掉大量的数据“泥沙”之后，方能得到“真金”。

大数据的第四项特征是具有时效性。一般来说，很少会有人去分析 10 年或者 20 年尺度的大数据。除了研究天气演变这样一些特定领域，研究一个人在过去 10 年里的生活方式变化，如网络购物兴趣的改变，或者银行贷款的额度与金额，并没有太大的价值。因为

○大数据的数据价值密度很低

10年的时间可以改变很多事情，一个人可能会结婚生子，更换住房并为此负债，或者因为自主创业而财富自由，实现消费升级。

所以，大数据分析更多的是去关注短时间内发生的变化。如果仍然以一个人的经济状况来举例，那么大数据分析所关注的可能是网络购物习惯的突然变化，或者突然增加的借贷数量。比如，一个人突然频繁地浏览婴儿用品，往往意味着家中即将诞生新的生命；一个人突然申请大量的信用卡或网络贷款，可能是因为其遭受了某种变故，这意味着他的债务违约甚至破产的风险会明显增加，接下来对其发放贷款便需要谨慎，直到他的大部分债务都顺利履约乃至结清，风险才会逐渐降低。

此外，大数据还有一些其他特征，但都不如上面提到的几项重要。事实上，对大数据的分析与研究给了我们一种全新的视角去看待我们生活的世界。在计算机和网络尚未普及的时代，绝大多数人的社交圈和认知范围都十分有限，因此判断人、事物容易非此即彼、非黑即白，或者管中窥豹，仅凭一两个显眼的条件就判断其性质并作出决定。得益于大数据的助力，当前，人们已经可以相对全面地了解人事物的信息，并（在人工智能的辅助下）据此进行更准确的判断。

比如，某部电视剧需要面试主演。在没有大数据辅助的情况下，制作团队可能会根据演员的相貌和演技来决定人选。然而，这样的决定存在一定的风险，比如，演员的身材比例不一定适合角色，但在进入实拍阶段之前不一定能看得出来；可能演员的走路姿势和讲话口音不适合角色，需要花费大量时间去纠正，或运用拍摄技巧和后期制作来弥补，为此支付更高的成本；可能演员有“耍大牌”的倾向，或者与其他演员关系不睦，从而有可能影响拍摄进度；可能演员有某些不良嗜好，一旦爆出丑闻会直接影响剧作上映……但在大数据时代，人们可以全面判断这位演员与角色的匹配程度，以及选用这位演员的收益与风险，并据此做出最有利于这部电视剧的决定。

类似的情境在日常生活中不胜枚举。比如，人们看到一位住在高档小区、开着豪华汽车的老板，可能会认为他（她）很富有，当对方开口借款时更倾向于借给对方。然而，这些资产很可能已经被多次抵押，老板只维持着富裕的表象，其真实的资金状态可能非常紧张。某一天，当老板的资金链突然断裂，或者（因为债务危机）突然消失的时候，拥有抵押品的债主可以通过变卖这些资产来减轻损失，而后来的出借者很可能

○ 开豪车的人也可能有负债累累

无法收回借款。但如果出借者在借款之前能通过大数据分析，对这位老板的财务状况有比较全面的了解，那么就很可能会成功规避这种风险。

总而言之，大数据使人们学会了不再进行“一城一池的争夺”，而是站在更高的位置上，全面分析某个决定的得失。同时，通过对大数据的分析，人们也更容易发现不同事物之间的关联。所有这些都在潜移默化地重塑着我们的日常生活。

日常生活中的大数据

对大数据的分析可以帮助人们发现之前被巨量数据“淹没”的有价值的信息。或者说，对大数据的应用就是将我们原来忽略的，或者没看到的信息，通过某种手段挖掘出来。

在通过大数据发现“不可思议的联系”方面，有一个有趣的例子，便是美国大选和中国浙江省义乌市的小商品行业。众所周知，义乌市拥有巨大的小商品市场，人们可以在这里买到生活所需的各种小商品，如服饰、工具和宗教用品等。制造这些小商品的工厂可能会接到来自全国各地乃至世界各地的订单，其中当然也包括美国。

2016 年的美国大选，是希拉里·克林顿与唐纳德·特朗普的竞争。在计票完成之前，甚至在投票开始之前，义乌市的小商品订单就已经暗示了选举结果。这里制造的绝大多数与美国大选有关的小商品，如印有候选人姓氏的美国国旗、印有竞选口号的帽子等，绝大多数是特朗普竞选团队的订单。这说明特朗普竞选团队得到了更多选民的支持，而这种支持会转化为选票。

由于美国大选在大多数州实施“赢者通吃”的制度，即普通选民票占优的一方可以得到对应这个州的所有“选举人票”（每个州数量不等），最终赢得过半选举人票的候选人会成为总统。所以，特朗普只要在一些关键州占据优势，就可以让选举人票过半从而赢得大选。后来的事态发展也证明了大数据的预测。

到了 2020 年，特朗普谋求连任，与乔·拜登竞选总统。这一次，义乌市的大部分与大选有关的小商品订单来自拜登竞选团队。因此，人们判断特朗普已经失去了很多支持者，而他也确实没能成功连任。对小商品订单的分析竟能准确预测美国大选的结果，这便是大数据的威力。

在网络世界里，对大数据的应用更是不胜枚举。短视频软件的运营商很容易发现大多数人喜欢哪类视频，并对此做更多推广。手机浏览器或搜索引擎的运营商会通过搜索记录发现每个人的偏好，并在手机浏览器里定向地推送“符合口味”的信息，确保大多数用户有舒适的体验。数量惊人的用户会不断磨炼互联网公司专门设计的人工智能，让这些定向的推送变得越来越精准和顺畅。

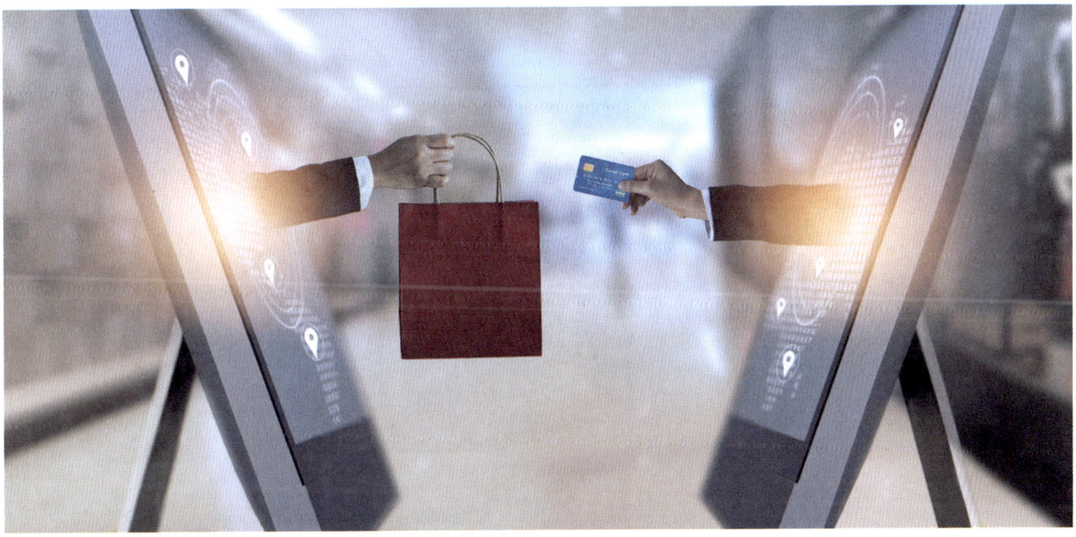

○ 厂家会接到来自世界各地的订单

经过一定处理的大数据会出现在很多人的生活当中。驾车出行的人经常会用电子地图来导航。这些装在手机和其他智能设备上的软件会展示实时的交通流量信息，以及修路、交通事故等一些可能影响行车的因素，提醒人们即时规避。这些帮助人们预判前方交通流量的服务，以及对堵车时间的预估，都是建立在丰富的交通出行数据基础上的。软件通过对所有已知信息的综合分析，可以判断出选择什么样的路线，并给驾驶员提出建议。

在商业领域，大型商贸企业初步筛选哪些城市具有潜力，也有可能通过大数据来完成。如果你有过在夜间乘坐飞机出行的经历，那么你或许会注意到，下方的地面上有一些灯火通明的大城市，也有一些光线暗淡的小村庄。在飞机或卫星拍摄的照片上，夜晚的灯光亮度可以反映夜间交通流量和商业活动规模等各种信息。通过对不同时段灯光亮度的分析，人们就可以大体判断一座城市是否具有活力，从而进一步分析它是否具有投资价值。

○ 大数据为我们提供更便捷的路线

但大数据技术的迅猛发展也带来了一些隐忧。正如“兼听则明，偏听则暗”，一个人如果只听自己喜欢的说辞，只看能让自己快乐的事物，那是相当危险的。随着时间的流逝，人的视野会不断收窄，最终失去对世界的准确认知。这种被称为“信息茧房”的效应会削弱人的深度思考能力，加剧人与人之间的对立情绪。

更为现实的威胁是，大数据在服务企业时为了提供更精准的服务，过度地获取、占有人们的隐私信息。通过这些信息，企业可能对用户进行有针对性的“杀熟”，如通过频繁购买外卖食物和机票的消费记录、用户的位置、用户使用的手机品牌等信息，推算出用户可能对价格不敏感，并进行不易被发现的抬价。对用户而言，在自己难以另外注册账号进行对比的情况下，这种基于大数据的抬价很难被发现。

另一种有风险的情境则是对隐私信息的提取。获得信息的企业更容易知道某个人的困境或弱点，并进行有针对性的“攻略”。这些行为可能加剧这个人的困境。比如，对暂时遇到难处急需资金的人，大数据可能逐步将其导向高息借贷，对其造成重大损失。如果这些关于困境或弱点的信息被不慎泄露，则有可能成为某些骗局的起点。

○ “信息茧房”效应削弱了人的深度思考能力

○ 大数据在背后窥探我们的隐私

无论是接纳还是拒绝，大数据早已进入我们生活的方方面面。对“沉睡”的数据进行挖掘，既为人们提供了便捷的生活，也创造了一些全新的商业与财富机会，甚至在悄悄改变人们对世界的看法，但大数据技术的安全隐忧同样是这个加速发展的数据化信息世界所必须面对的难题。

互动问答

大数据的四大特征是什么？

第一项特征是总量惊人。数据量之所以大，是因为它不仅包括当下的数据，还包括之前的数据；不仅包括一个方面的数据，还包括方方面面的数据；不仅包括一个人的数据，还包括千千万万个人的数据。

第二项特征是非结构化。大数据是由大量散碎的细节逐渐汇聚而成的。

第三项特征是价值密度很低。大数据中的大部分信息是无价值的，只有少部分信息是有价值的。需要经过特殊处理，将有价值的信息提取出来。

第四项特征是有时效性。大数据分析更多的是关注短时间内发生的变化，时间太久，数据就可能失去其价值。